プーチンとトランプ 世界支配の衝撃！

興隆するBRICS・没落するG7

石田和靖
Kazuyasu Ishida

ビジネス社

はじめに

本書をお手に取っていただきありがとうございます。

周知の通り現在国際情勢は激動の中にあります。そしてその激動は今後日本の未来に光が射すか？　あるいは、さらに長く深い暗闇に包まれるのか？　日本は今まさにその岐路に立たされていると言っても過言ではないでしょう。

アメリカに新たに誕生したトランプ大統領によって、その壮大な分岐点は準備されました。我が国がこれをピンチと捉えるか、チャンスと捉えるか。それは私たち次第です。

２０２５年1月20日（日本時間の21日午前1時すぎ）、首都ワシントンの米連邦議会議事堂にてトランプ大統領の就任式は行われました。この日の首都ワシントンは厳しい寒さと強風に見舞われていて、就任式は慣例となってきた連邦議会議事堂前の屋外から、議事堂中心部の大広間に場所を変更して行われるという、ある意味異例の大統領就任式ともなりました。

就任演説でトランプ大統領は一切原稿などは読まず、自身の魂の言葉でアメリカがこれから向かう道を熱弁しました。彼の一つ一つの言葉には魂が宿り、覚悟があり、熱量があり、そしてその言葉には多くのアメリカ国民が魂を揺さぶられたことと思います。

私自身もそのトランプ大統領の演説を数回動画で観ましたが、そこには国家リーダーとしての一つの理想像を感じました。

私はほぼ毎日YouTube「越境3・0チャンネル」で、中東情勢を中心とした国際情勢を配信しています。もともとそれらの地域との30年来の行き来、深い交流関係があったため、中東の国々の良い点も悪い点も普通の人よりも理解していると自負しており、そういったアプローチでも度々動画で配信してきました。

中東、特にサウジアラビアやＵＡＥ、カタールなど湾岸諸国の国家リーダーたちに関して言うと、彼らには明確なビジョンがあり、国民に目を向け、国家の豊かさを追求し、それを実現させるための決断と行動が早いという良い点があり、その一方でその多くの国に独裁国家や強権政治といった日本人にとっては負の印象も存在します。

しかし現地の国民に目を向けてみると、彼らは明らかに日本人よりも幸福度が高く、精神的にも経済的にも豊かであり、自由度の高いライフスタイルで未来の選択肢も多く、やるべきことが多くて忙しいのではなく、やりたいことが多くて忙しい。明らかに日本人よりも幸せそうだというそんな一面を強く感じます。

彼らは国家リーダーのビジョンに共感し、今日よりも素晴らしい明日がやって来ると信じてやまず、多くの国民が一丸となってリーダーを支え、国全体が一枚岩となって明るい未来の光の射す方を目指しています。それも中東湾岸諸国の一つの表情です。

常に国民や国家の豊かさや安心安全を最前線に考えて動くリーダーの独裁国家がいいのか？　今だけ金だけ自分だけの私利私欲に塗れたリーダーの民主主義国家がいいのか？　価値観には人それぞれ色々ありますし、中東独特の地域性や民族性の問題ももちろんあるので、一概には言えませんし、もちろん民主主義を否定するつもりも全くありません。

日本は特に古の時代から、「和を以て尊しとなす」という言葉が示す通り、話し合いで多くのことを解決し、築き上げてきた類まれなる民族です。しかしその民主主義を自分たちの利権のために悪用する一部の人たちがいるということは事実です。

日本以上にアメリカでは特に自由と民主主義の名の下にそれらを悪用し、一部の上級国民のみが私腹を肥やし、多くの一般国民が不幸になる巨大な癒着構造が存在しています。

それらと戦ってきた人物、いやこれからも長く根深い戦いを続けなければならない、そんなリーダーがトランプ大統領です。

トランプ大統領には、私がこれまで見てきた中東湾岸諸国の国家リーダーたちと似ている点が多々あります。まさにトランプ大統領には明確なビジョンがあり、国民に目を向け、国家の豊かさを追求し、それを実現させるための決断と行動が早い。

その一方でマスコミなどでもよく言われる、独裁的で強権的といった面もあるかもしれません。中東のリーダーたちに非常に似ています。さらに言うと、ロシアのプーチン大統領とも非常に価値観が似ているのです。

ということはこれまでとは全く真逆の方向を向いているアメリカ大統領が誕生したわけです。そんな歴史的転換点とも言える、第47代アメリカ大統領ドナルド・トランプの就任。２０２５年は色々な意味で大きく動く1年となるでしょう。またこれまで民主主義を悪用してきた一部の勢力の膿が続々と吐き出される1年にもなると思います。これは日本にとっても大きな分岐点です。

本書はそんなトランプ大統領がずっと言い続けてきた“Make America Great Again”再び偉大なるアメリカを復活させるために、彼は世界各国とどう渡り合い、どう取引を行っていくのかを考察した一冊となっております。

そして最後に私たち日本はどうあるべきか？　みなさんとともに日本の分岐点と今後の立ち位置を深く考える一冊となれば幸いです。そして明るい未来を目指すべく、一人一人が考え行動できる日本になっていくことを願って止みません。

YouTube「越境3・0チャンネル」　石田和靖

プーチンとトランプ　世界支配の衝撃！

目次

第1章 なぜ第2次トランプ政権は誕生したのか

第2章 トランプ大統領は中東とどう向き合うか

第3章 ウクライナ戦争後に始まるロシアへの急接近

第4章 NATO、G7はトランプ大統領によって崩壊する

第5章 ディープステート国家・中国を封じ込めるトランプ大統領

第6章 巨大市場インドはトランプ大統領のよきパートナーに

第7章 第2次トランプ政権を日本再生のチャンスに

エピローグ

拡大BRICSをトランプ大統領が支配する日

第1章

なぜ第2次トランプ政権は誕生したのか

バイデン政権に絶望していた中東の国々

２０２５年1月、アメリカのドナルド・トランプ政権が始動しました。第２次となるトランプ政権の4年間は、後世、画期的な転換期だったといわれるかもしれません。アメリカが西側世界から離れ、ＢＲＩＣＳに深く関わってくると思われるからです。

トランプ大統領による大胆な勢力再編は、日本に課題を突きつけることにもなるでしょう。トランプ大統領の大転換がなぜ始まるのか。それを考えるには、まずは前任のジョー・バイデン政権の4年間がどのような時代であったかを知る必要があります。

一言でいえばバイデン政権の時代、世界はバイデン大統領によって破壊されました。振り返れば２０２０年のアメリカ大統領選も、トランプ氏対バイデン氏という構図でした。このとき中東が専門領域である私は、中東の人々がこの大統領選をどう見ているかに注目しました。

中東発のメディア情報をこまめにチェックしましたが、その中で目をひいたのはサウジアラビアの新聞「アラブニュース」が行った世論調査です。

アラブ圏21カ国8000人を対象にしたもので、気になったのが「もしバイデン氏がアメリカの大統領になったら、どうなると思いますか」という質問です。約60パーセントが「バラク・オバマ大統領の頃の中東に後戻りする」と答えていたのです。

オバマ大統領の頃の中東がどんな状況だったかというと、それこそ火の海です。2010年に「アラブの春」が始まってのち、2011年にシリア内戦が勃発し、さらに2015年のイエメン内戦と続きました。

またアメリカがイラク戦争の戦後処理を行っている最中にも、イラクにはアルカーイダやISILのテロリストたちが侵入しては事件を起こしていました。時事問題に関心の強い人たちにとっては、オバマ大統領の時代は「中東に戦乱をもたらした最悪の時代」という印象があるのです。

中東を火の海にしたオバマ大統領時代の副大統領が、バイデン氏です。バイデン氏もオバマ氏も同じ考えの持ち主であり、もしアメリカ大統領になったらオバマ政権時代のように中東は「火の海の時代」に戻るというわけです。

実際、中東の人たちの予測は当たっていました。バイデン政権時代の中東は、イスラエル・ハマス戦争やイスラエルによるヒズボラ攻撃で火の海となります。それ以前にサウジアラビア叩きも行っています。サウジアラビアのムハンマド・ビン・サルマン皇太子による、ジャマル・カショギ氏暗殺疑惑を再び追及しはじめたのです。

サウジアラビアのジャーナリト、ジャマル・カショギ氏は2018年にトルコのサウジアラビア領事館を訪れたのち行方不明となり、殺害されています。カショギ氏殺害に関してムハンマド皇太子が裏で糸を引いていたのではないか、という疑惑が持ち上がりました。

この疑惑は裁判によって事実無根であり、ムハンマド皇太子の無実は証明されました。第1次トランプ政権時代の話で、それがバイデン政権の時代になって蒸し返されたのです。

当時のサウジアラビアはG20への加盟を果たし、国際社会の中でのし上がろうとしていました。首都リヤドでいくつもの国際会議を開き、同じタイミングで再び疑惑の追及を始めたのです。国際社会の中心に躍り出ようとしているサウジアラビアを、後ろからグイと引きずり下ろすようなものです。

トランプ政権時代のサウジアラビアとアメリカは、非常に良好な関係でした。トランプ大統領とムハンマド皇太子は盟友でもあり、二人はよく一緒に写真に収まっていました。

それが一転バイデン大統領によって、アメリカとサウジアラビアの関係は一気に崩れたのです。

ムハンマド皇太子にすれば、勝手に犯罪者扱いされたうえ、無罪となったあとも、さらに追及されるのです。サウジアラビアにはバイデン政権に対する不信感が生まれ、アメリカに対する信頼はガラッと崩れました。

イラン核合意復帰もアメリカ不信につながった

サウジアラビアにとって、カショギ氏殺害事件とともにもう一つ、バイデン政権のアメリカに不信を持ったのが、イラン核合意への復帰です。

イラン核合意は2015年、オバマ大統領の時代になされた合意です。イランの核利用は、表向きは平和目的です。医療用アイソトープ（同位元素）や放射線治療に役立てるためや、原子力発電所は電力不足を補うためと、表向きは至って健全です。

ただし国際社会はこれを認めず、イランは核兵器の開発を進めているとして、イランに対する経済制裁を科していました。それがオバマ時代になって、イランに宥和的になります。イランがＩＡＥＡ（国際原子力機関）の査察を受け入れ、しかるべき約束を守るならイランへの経済制裁を段階的に解除するとしたのです。

これがイラン核合意で、アメリカのほかにイギリス、フランス、ロシア、中国、ドイツが加わっています。この核合意に、バイデン氏は副大統領として関わってきました。ところが２０１７年にトランプ政権が発足すると、イランが約束を破って核開発を進めていることを明らかにします。約束を守らない国との合意は意味がないとして、２０１８年にイラン核合意から離脱します。

これによりアメリカは、サウジアラビア側に立つことになります。当時イランとアラブ諸国は対立していて、イランを敵視するトランプ政権のアメリカは、サウジアラビアにとって歓迎すべき存在でした。

もともとトランプ大統領は、就任後初の外遊先にサウジアラビアを選んでいます。トランプ大統領はムハンマド皇太子と握手を交わし、サウジアラビアとの友好がアメリカの国益に最も適うものであると示しました。

トランプ大統領のビジネス感覚では、サウジアラビアと友好関係を持つことは重要でした。当時のアメリカはシェールガス革命を推し進め、シェール層の深いところまで石油や天然ガスを掘り出せるようになっていました。とはいえ採掘には縦、横、斜めに掘っていく技術が不可欠で、莫大な採掘コストがかかります。

一方サウジアラビアの油田は、有名なガワール油田をはじめ多くの油田が砂漠のすぐ下に存在します。上から縦に掘るだけで、噴き出すように石油が出てきます。おかげで採掘コストが低く、サウジアラビアの石油のほうが、はるかに安く手に入ります。

自国のシェールガスを開発したい気持ちがあっても、安くて大量に安定供給できる石油を買ったほうがいいアメリカ。そのため当時のサウジアラビアとアメリカは、エネルギー面において相思相愛だったのです。

加えてサウジアラビアは、アメリカにとって武器を最も多く買ってくれる国でもあります。対イスラエル、対イラン、対テロリストなど、当時の中東情勢を考えればアメリカ製の武器を大量に買う必要があったからです。

お互いビジネスライクに国益を追求できる関係で、そこにイラン核合意からの離脱も加わり、サウジアラビアはアメリカを信頼していたのです。

そこにバイデン大統領の登場です。バイデン大統領の仕事はトランプ大統領がやってきた仕事を、全部引っくり返すことでした。自ら副大統領を務めていたオバマ政権の実績をもう一度復活させたい思いもあり、イラン核合意に復帰しようと動きだします。これはサウジアラビアにとって、アラブ側からどんどん離れていくアメリカに映りました。

自らを守ってくれる存在と思っていたアメリカへの信頼感が、バイデン大統領の一連の政策で失われてしまった。もはやアメリカを信頼できないと考えたサウジアラビアが、新たに選択したのがアメリカと同じ超大国であるロシアや中国への接近です。

信頼できなくなったアメリカの武器にだけ頼るのは危険と判断し、場合によってはロシア、あるいは中国に守ってもらうという選択肢を設けたのです。結局バイデン大統領の中東外交が、サウジアラビアのアメリカ離れをもたらし、ロシア、中東との関係強化を生んでいったのです。

サウジアラビアは、アラブ連盟21カ国の盟主です。その盟主がアメリカから離れていく様子を見て、他のアラブ諸国もアメリカから距離を置くようになっていきます。親分がロシアや中国のほうを向く空気が生まれたことで、子分もそれを見倣ったのです。

ロシアに対する「ドルの武器化」が中小国のアメリカ不信を招いた

そうした中、中東のみならず世界各国のアメリカ離れが進むきっかけとなったのが、2022年から始まるウクライナ戦争です。ウクライナ戦争において問題となったのが、アメリカを中心とする西側諸国によるロシアへの経済制裁です。

なかでも衝撃的だったのが、SWIFT（国際銀行間通信協会）からの排除です。SWIFTは国際金融取引の決済ネットワークシステムであり、外されると貿易に支障をきたすうえ、決済にドルが使えなくなります。SWIFTからの排除は「金融の核兵器」ともいわれ、これをバイデン大統領はロシアに対して行ったのです。

SWIFTから外せばロシアはいろいろな国との貿易ができなくなり、ロシア経済は弱体化するという読みです。経済を弱めることで戦争が継続できないようにしようというわけで、これがロシアに対する「ドルの武器化」です。ところが現実には、そうはなりませんでした。

アメリカによる「ドルの武器化」は、むしろ世界秩序を大きく変える引き金になりました。ロシアに対する「ドルの武器化」がもたらしたのは、中小国のアメリカやドルに対する不信感です。ドルを武器化された場合、大国ロシアなら凌げても、中小国はひとたまりもないからです。

ロシアの場合、国内にガス、石油、食糧、希少金属など、ほとんどのコモディティが揃っています。ロシアのコモディティを欲しい国はたくさんあるうえ、お互いの合意があればドルで決済する必要がありません。インドがロシアの石油を買いたいなら、インドルピーで払ってもかまわないとなります。あるいはインドがロシアルーブルを多く持っているなら、ロシアルーブルでの決済もできます。

ただロシアのような国は例外で、石油もガスも食糧も希少金属も輸入している小国が経済制裁を科され、ドルを使えないとなれば何も買えなくなります。たとえばバングラデシュが、サウジアラビアから石油を輸入する際、ドルが使えないとどうなるか。バングラデシュの通貨タカで払おうとしても、タカは国際的には通用しないので、サウジアラビアはこれを受け取らないでしょう。

そんなバングラデシュのような小国が、世界の大半を占めています。そうした国々が石油やガスや食糧を輸入する際にドルを使えなくなれば、恐ろしい事態に晒されます。

アメリカによる「ドルの武器化」を目の当たりにした中小国は、ドルに依存することがいかに危険かを考えるようになりました。ドルへの依存をできるだけ減らそうと、アメリカ離れを始めたのです。

アメリカによるロシアへの経済制裁は、他国への見せしめという意味もあったでしょう。その脅しが効きすぎて世界の多くの国、とくにグローバルサウスといわれる国々がアメリカを恐れるようになりました。グローバルサウスの国々はドルに依存する体制を一刻も早く変える必要があると考え、これがBRICS拡大の磁力になっていくのです。

金高騰の裏にあるBRICS共通決済システムへの動き

グローバルサウスの国々がドル依存から脱しようとしたとき、最初に構想したのがBRICS共通通貨です。とはいえ共通通貨の発行には時間がかかるので、少しトーンダウンしてBRICS共通の決済システムをつくることを発表しています。国際金融取引の決済ネットワークシステムSWIFTのBRICS版ともいえます。

要はバングラデシュのような小さな国が、ドルを使わずに石油やガス、食糧などを買える仕組みです。アメリカから経済制裁を受ければドルを使えなくなりかねず、一刻も早くドル抜きの決済システムを構築したい。その思いから生まれたものです。

金（ゴールド）の価格が高騰しているのも、このことが関係しています。現在の金の高騰は、たんにウクライナ戦争やイスラエル・ハマス戦争の影響で「有事の金」として買われているのではありません。高騰の背景には金を大量に買い集めている国々の存在があります。

ＢＲＩＣＳや新興国の中央銀行、とくにロシア、ブラジル、中国、インド、サウジアラビア、トルコなどが金を買い集めているのです。個人投資家の場合、金価格が上昇すれば保有していた金を売って儲けようともしますが、これらの国々は買った金を売ることはありません。

新興国が大量の金を持とうとするのは、自国通貨の信用力を金によって担保させるためです。ドルに依存せず、ドルなしでやっていける世界をつくろうと金を買い集めているのです。買い集めた金を背景に、ＢＲＩＣＳによる決済システム、さらにはＢＲＩＣＳ共通通貨までつくろうとしているのです。

これまで世界の基軸通貨はドルでした。ドルに対抗しようとヨーロッパではユーロが生まれましたが、国際通貨の主役はずっとドルでした。それが金を背景にBRICS共通決済システムに続き、BRICS共通通貨まで生まれれば、ドル圏以外の世界が成立します。

ドルとBRICS決済システムという2つの決済システムが併存するとなれば、世界は分断されていきます。これはG7とそれ以外の国の対立を意味します。ドルを使うのはG7とそれに準ずる国々で、それ以外の国はBRICS共通決済システムに集まる。いわば欧米とグローバルサウスの対立です。

BRICSが目指すペトロダラーの排除

実際にはドルを基軸通貨とする現在の体制が一気に崩れることはないでしょうが、徐々に崩れていくトレンドになると思います。BRICSの国々がまず目指しているのは、ペトロダラー・システム（ペトロダラー）の排除です。

ペトロダラーはドルと石油取引をリンクさせるというもので、石油取引をすべてドル建てで行うシステムです。これは1974年にアメリカのキッシンジャー国務長官がサウジアラビアの王家を永遠に守ることを条件に、サウジアラビアの石油販売をすべてドル建てにさせたことに始まります。翌1975年にはOPEC（石油輸出国機構）の他のメンバーも、これに追随します。

アメリカがペトロダラーを進めたのは、ドルの力を守るためです。1971年にアメリカは、ドルと金の交換を停止します。これだとドルは何の裏打ちもない、ただの紙切れになってしまいます。そこでアメリカはドルと石油をリンクさせることで、ドルの価値を守ろうとしたのです。

世界の国際貿易決済の中で、最も巨額なのが石油売買の決済です。その石油を売り買いする決済が、アメリカの構築したペトロダラーによって、ドル決済になってしまったのです。

たとえば繰り返しになりますが、バングラデシュがサウジアラビアから石油を買いたいとき、自国通貨タカでは決済できません。いったんタカをドルに両替し、両替したドルでサウジアラビアに代金を支払うのが原則です。「OPECから石油を買うときはドルで支払う」というペトロダラーに縛られていました。

石油を買うために多くの国は、つねに大量のドルを買わざるを得ません。おかげでドルの価値は毀損しませんでした。アメリカがどれだけドル紙幣を刷っても、国債をどれだけ発行しても、ドルの価値が毀損しなかった根源はペトロダラーにあります。ドルを買うニーズがつねにありつづけたため、ドルの価値は担保されていたのです。

かりに世界中でドルを使うニーズがなくなれば、アメリカ国債は買い手がいなくなります。国債を発行すればするほどドルの価値が下がり、そうなればアメリカはドルを好き勝手に刷れなくなります。そうならないのはペトロダラーのおかげで、いくらでもドルに対する需要があるからです。

決済をドルで行うのは、石油に限った話ではありません。食糧や貴金属類など、さまざまな原材料の国際決済にもドルが使われています。だからドル需要は生まれつづけ、ドルの価値は維持されたのです。

ペトロダラーがあるため、世界の中小国はドルに依存せざるを得なかった。ドル依存している以上、アメリカを怒らせることもしたくなかった。しかし、ペトロダラーを排除するなら、もはやドル依存の必要はなくなり、アメリカに対し卑屈になる必要もなくなるというわけです。

「ＢＲＩＣＳ＝ＯＰＥＣ」の時代へ

ＢＲＩＣＳで注目すべき動きは、産油国がＢＲＩＣＳ加盟に向けて積極的に動き出していることです。もともとの加盟国であるロシア、ブラジル、インド、中国、南アフリカのうち、大産油国はロシアのみです。

そこに２０２４年になって新たにイラン、ＵＡＥ、エジプト、エチオピアの４カ国が加入しました。２０２５年にはインドネシアも加盟しました。この５カ国のうちエチオピア以外は、すべて産油国です。

エジプトには産油国というイメージがないかもしれませんが、じつは豊富な油田があり、立派な産油国です。ただし国内に1億人を超える人口がいるため、国産石油の大半は国内消費に回っていました。それが近年新たに油田が発見され、いずれエジプトは石油輸出国になると見られています。

さらにオマーン、クウェート、カタールという中東の産油国も、ＢＲＩＣＳ加盟を急いでいます。メキシコやナイジェリア、アゼルバイジャンといった産油国も、加盟の順番待ちをしています。こうして産油国が続々とBRICSに加盟していけば、「BRICS＝OPEC」という構図にもなってきます。

BRICSにこれだけ産油国が集まり、BRICS加盟国がドル依存からの脱却を求めるなら、ペトロダラーを排除するのが最も手っとり早い方法です。多くの産油国がBRICSに加盟し、BRICSがペトロダラーの排除を目指すなら、遅かれ早かれ石油決済にドルのみが使われる時代は終わります。

代わりに人民元やロシアルーブルによる決済、それぞれ2国間通貨による決済になったりするのです。いずれBRICS共通通貨が誕生すれば、共通通貨による決済にもなっていきます。それにつれてドルの需要もなくなっていくのです。

世界は多様性のある決済システムの時代へ

2024年10月、ロシアの都市カザンでBRICS首脳会談が行われました。ロシアが議長国を務めたこの会議では、BRICS共通通貨についての話し合いが行われました。

ただしBRICSは一枚岩ではありません。ロシアがドルを完全に排除したいのに対し、インドはドルも1つの決済手段として残したほうがいいという立場をとっています。「ドルで決済してもいいし、ＢＲＩＣＳ共通通貨でもいい。インドルピーでもＯＫといった、多様性のある決済システムにしよう」というのがインドの考えです。

将来的にはどうなるか不明ですが、いずれにせよドルは圧倒的な決済通貨としての地位から陥落し、1つの決済通貨に過ぎなくなります。これは石油の決済のみならず、いずれ食糧や貴金属類など他のコモディティの決済にも及んでいきます。

アメリカは穀物の輸出大国なので、食糧とドルの結びつきも強いものがあります。それでもドルは、地位を落としていく方向に向かうと考えられます。長い時間をかけながら、世界の基軸通貨や決済システムは多極化していくのです。

これはつまるところ、世界におけるアメリカやドルに対する信頼が失われだした結果です。ウクライナ戦争下、ロシアを制裁しようと「ドルを武器化」したことがブーメランのように跳ね返り、アメリカとドルへの潜在的な不信を顕在化させてしまったのです。

イスラエル・ハマス戦争もアメリカへの不信を募らせた

バイデン大統領の時代、もう1つアメリカへの不信を顕在化させる出来事が起こりました。2023年10月に始まったイスラエル・ハマス戦争です。この一連の戦争で世界は、アメリカの異常さに気づいたのです。

イスラエル・ハマス戦争では、ガザ地区のパレスチナ人が4万人以上殺されました。パレスチナ人は、サウジアラビアやUAEやカタールの人たちと同じアラブ人です。同じアラブ人を殺されて、彼らが怒らないはずありません。

バイデン大統領は口では「一刻も早く停戦が必要」と言いながら、裏ではイスラエルに武器を送りつづけました。完全に二枚舌外交で、アラブ系のニュースはバイデン大統領のダブルスタンダードぶりを批判しています。

イスラエル・ハマス戦争が始まった翌11月、イスラム協力機構とアラブ連盟57カ国による合同緊急首脳会談がサウジアラビアで開かれています。オンラインではなく57カ国の王や大統領が、実際にサウジアラビアに集まったのです。この話を知ったとき、まさにサウジアラビアのリーダーシップを見る思いでした。

この会議で57カ国は共同声明を発し、イスラエルとアメリカの2カ国を非難しています。アラブ諸国がアメリカに強いシグナルを発しているにも関わらず、バイデン大統領はイスラエルに武器を送りつづけたのです。

バイデン大統領のスポンサーには、アメリカ国内のユダヤの富豪たちがいます。バイデン大統領からすれば、彼らの要求を聞かなければならない。その一方、国際社会に目を向ける必要もあり、微妙なバランス感覚が問われます。バイデン大統領は、そのバランスがとれなかったのです。

これはアメリカだけの話ではありません。ヨーロッパの政治家や日本の政治家も同じです。日本では当時の岸田文雄政権がハマスから突然攻撃されたイスラエル側につき、イスラエルとの連携をアピールしていました。

ただし日本を含めて西側の政治家やマスコミは、イスラエル・ハマス戦争の実情や原因をさして理解していません。理解せず、アメリカに従ってイスラエル支持に回っているのです。

イスラエル・ハマス戦争以前をマスコミが報じない理由

イスラエル・ハマス戦争でイスラエルがやっていることは、虐殺以外の何物でもありません。ただ一方で、ハマスがテロリスト集団であることは確かです。２０２３年10月７日にハマスはいきなりイスラエルに奇襲攻撃を仕掛け、多くのユダヤ人を殺し、拉致しました。

ハマスの行為は明らかにテロですが、イスラエルの第６次ネタニヤフ政権がやっていることはハマス以上のテロ行為です。10月７日以降、ネタニヤフ政権は報復のためと称してハマス殲滅を叫び、多くのパレスチナ人を殺害しています。どっちもどっちとはいえ、殺害した数はイスラエルのほうがはるかに上です。

そもそも西側の政治家やマスコミは、２０２３年10月７日以降を見ているだけで、それ以前に何が行われていたかを知りません。10月７日より前にイスラエルがパレスチナに対してやってきたのは、パレスチナ人自治区への入植です。入植といえば聞こえがいいですが、実態は抵抗するパレスチナ人の排除です。それも殺害を含む排除です。

イスラエル人の入植を拒むパレスチナ人と衝突が起こると、武装したイスラエル兵士がパレスチナ人を暴力的に追い込みます。パレスチナ人家族を強制的に住居から追い出したのち、ブルドーザーで住居を跡形もなく破壊し、イスラエル人の入植地を拡大していったのです。パレスチナ人がせめてもの抵抗と石を投げつけると、イスラエル兵士は彼らを銃で撃ち、殺害しました。

入植後もイスラエル人はパレスチナ人を汚い言葉で罵り、挑発し、殺害さえします。イスラエル人によるパレスチナ人女性へのレイプ事件や、子どもの殺害事件も頻発しています。

これらに対する報復が、10月7日のテロです。そうした経緯をマスコミは報じません。もし報道していたら西側の世論は大きく変わり、政治家の発言も違ったかもしれません。しかし現実は、そうならなかったのです。

こうしたマスコミの報道姿勢は、ウクライナ戦争にも通じます。2022年2月24日、ロシア軍はいきなりウクライナのドンバス地方を奇襲します。以後、西側のマスコミはロシアを悪者扱いしてきましたが、ここでも2月24日以前に何が起きていたかは伏せられたままです。

ウクライナ戦争の原因を知るには、2014年のウクライナにおけるマイダン革命や直後に起きたロシアによるクリミア併合まで遡る必要があります。にも関わらず、そのことがきれいに切り取られています。ウクライナ戦争もイスラエル・ハマス戦争も、肝心の原因の部分をマスコミは報道しないのです。

これにはマスコミの不勉強もありますが、バイデン政権によるプロパガンダや圧力もあったはずです。バイデン政権の思惑は、世界各国にイスラエルをサポートしてもらおうというものです。イスラエルをサポートするアメリカを支援してほしいから、アラブを悪者扱いする。こういう意図的に偏ったマーケティングを、アメリカとイスラエルはやってきたのです。

アラブの人たちは、アメリカとイスラエルの意図と偽善にとっくに気づいています。だから2020年の世論調査で「バイデン大統領はオバマ時代と同じように戦争を起こす」という見方が、半数以上を占めたのです。「またありもしないことをあれこれでっちあげ、アラブ人を殺すのだろう」とアラブ人の多くは見ていたのです。

日本のマスコミはそうしたアメリカやイスラエルの嘘を見抜けず、アメリカのマスコミの言い分をそのまま流しています。その結果ほとんどの日本人は「イスラエルがかわいそう」「ゼレンスキー大統領はいい人」となってしまったのです。

アメリカの「陰謀論」は本当だった

バイデン政権の4年間でわかったのは、アメリカに関するいわゆる「陰謀論」が、根も葉もない話ではなかったということです。これまでどこかの国でクーデターや政権転覆、暗殺などがあると、アメリカの関与が疑われました。その多くは、たんなる「陰謀論」と片づけられていましたが、バイデン政権の4年間は、ウクライナ戦争もイスラエル・ハマス戦争もアメリカは本当に陰謀を巡らせていたのです。

バイデン政権のやり方があまりに露骨すぎたため、そこに陰謀があるとわかってしまったのです。さらに内部告発による、陰謀の発覚もありました。その結果アメリカが本当に陰謀国家であるとわかってきたのです。

そしてアメリカが陰謀を行ってきたのは、バイデン政権の4年間だけではありません。ここ数十年のアメリカは、中東を中心に世界各地でさまざまな陰謀工作を行ってきました。たとえば2003年のイラク戦争です。

イラクのサダム・フセイン大統領といえば、日本では「悪の独裁者」というイメージです。フセイン大統領は国内で多くの人々を殺し、大量破壊兵器を隠し持っていた。だからアメリカはフセイン政権打倒のために戦争を起こした。そんなストーリーが拡散されています。しかしイラク国内でフセイン大統領は、むしろ英雄視されているのです。イラクをうまく統治していたからです。

イラクは、東に行っても西に行っても砂漠が広がっています。国境線はあってないようなもので、テロリストはどこからでもイラクに侵入できます。しかもイラク国内にはいろいろな宗教、宗派、民族が混在し、いつ宗派対立や民族対立が噴出してもおかしくない状況にあります。宗教・宗派だけでも、イスラム教スンナ派とシーア派に加え、キリスト教もあれば、ヤズディーという宗教もあります。フセイン大統領はそんなイラクを安定させ、国内の治安を保ってきました。国境線を守りきり、宗教、宗派、民族の対立を力で押さえつけていたのです。

イラクではしばしばクルド人たちが、フセイン大統領に弾圧されてきたといわれました。ただしフセイン大統領が弾圧しているのは、政府転覆を目論んだり、政府の悪口ばかり言うクルド人やシーア派などに対してです。ふつうに暮らしている民間のクルド人やシーア派などをいきなり弾圧などしていません。普通にしていれば、クルド人も普通に生活ができていました。

フセイン大統領がアメリカ軍に逮捕されたのは2003年で、その後2006年に死刑が執行されます。私は2009年にイラク北部にあるクルド人居住区を訪れていますが、ここでは弾圧されていたクルド人でさえ、フセイン時代のほうがずっと平和で秩序が保たれていたと語っていました。

イラクの秩序が崩壊に向かいだすのは、フセイン大統領がアメリカに殺されてのちです。彼の死後、国境線はないも同然となり、テロリストがイラク国内に侵入、暗躍しはじめたのです。また、アメリカ軍が置いていった武器を持って武装化したスンニ派勢力がISISとなって活動を始めました。

テロの連続で人々は不安で夜も眠れない状況に陥り、それがいまも続いています。イラクの人々はアメリカがフセイン大統領を殺したから、社会が崩壊してしまったと考えています。

これはリビアも同じです。リビアのムアンマル・カダフィ大佐は、アメリカから独裁者呼ばわりされていました。日本でもそのイメージが定着していますが、リビア国内では英雄です。ただアメリカの言いなりにならない政治家だったから、カダフィ政権はアメリカに崩壊させられ、カダフィ氏はフセイン氏同様、死に追いやられたのです。

アメリカがイラクのフセイン大統領やリビアのカダフィ大佐を潰したのは、これらがアメリカにとって不都合な政権だったからです。アメリカはフセイン政権、カダフィ政権を転覆させ、アメリカの言いなりになる政治家をその国のトップにまつりあげます。その最終目的は、その国から石油を「盗む」ことです。

戦争の真の犯人が誰なのかを考えるとき、その戦争で一番儲けたのは誰かを見れば一目瞭然です。一番儲けた人が、たいていその戦争の真犯人です。

イラク戦争は、アメリカが石油を盗むために行った典型的な戦争です。アメリカ政府とアメリカの石油会社が共同で立てた戦争計画によるものだと、のちにジャーナリストのトーマス・フリードマン氏が暴露しています。この暴露もあって、当時のドナルド・ラムズフェルド国防長官は辞任に追い込まれています。

このようにアメリカは石油のために中東で戦争を仕掛け、気に入らない政治家を潰してきました。誰が一番の悪者かをＢＲＩＣＳの国々はわかっているのです。とくにロシアはわかっています。

そしてトランプ大統領もわかっています。アメリカの戦争は世界のためにもアメリカのためにもならず、一部の資本家がボロ儲けするだけの構造になっている。このことに気付いているから、トランプ大統領は戦争をやめさせようとしているのです。

9・11テロはアメリカの自作自演

アメリカの陰謀の究極が、2001年9月11日にアメリカで起こった同時多発テロです。この同時多発テロはアメリカの自作自演だったことが、いま明らかになりつつあります。

同時多発テロではニューヨークのワールドトレードセンタービルが破壊されました。これはイスラム教徒のテロリストが2機の旅客機をハイジャックし、ビルに激突させたことになっています。

この映像は世界中に流され、人びとに衝撃を与えました。ところが映像を細かく分析すると、コンマ数秒ほどの長さですが旅客機の尾翼の部分が映像から消えているのです。さらに細かく解析していくと、旅客機がビルに突っ込んだにしては、おかしなことがいろいろあります。

じつはこの映像は、旅客機とビル倒壊を重ね合わせた合成映像であることがわかってきたのです。動画加工の過程で尾翼の一部が消えてしまったことから、加工がバレてしまったのです。

そもそも建築の専門家によるとビルの崩れ方がおかしく、旅客機がビルに突っ込んだ場合、あのように真下に崩れ落ちたりしないそうです。ビルの上から下まで四隅に爆破装置を置いてはじめて、ああした崩れ方になるとのことです。

事件が起こる前、警備員がビルに爆破装置が置かれていると警察に通報したという証言もあります。ところがおかしなことに、警察はいっさい動かなかったのです。

さらには「ビルに突っ込んでくる旅客機を見た」という証言がどこにもありません。ビル内にいた人の多くは死亡しているので証言しようがありませんが、ビルの周囲にいた人で旅客機が突っ込む瞬間を見た人はどこにもいません。そもそも事故現場から旅客機の残骸が、部品一つ発見されていません。9・11テロは不思議なことだらけなのです。

先日ジャーナリストの大高未貴氏と話したとき、「9・11テロはアメリカがイラクから石油を盗むための長期計画の一環である」ということで意見が一致しました。9・11テロの映像を世界に拡散させ、イスラム教徒は悪い奴であるとアピールしたうえで、その報復戦争に向かうシナリオをアメリカはつくった。

このシナリオがあったからアメリカの戦争はすべて正当化され、世界にはアメリカの戦争を支持する雰囲気が生まれました。実際はすべてアメリカの陰謀で、世界はアメリカの思う壺になったのです。

イスラエルの陰謀「グレーターイスラエル構想」

そんなアメリカが支援するイスラエルも、やはり陰謀国家です。その象徴がイスラエルの極右政治家が唱える「グレーターイスラエル（大イスラエル）構想」です。いまのイスラエルとは比べものにならないほど大きなイスラエルをつくるという、極めて危険な構想です。

グレーターイスラエル構想は、イスラエル国旗に象徴されます。イスラエル国旗には上下に2本の青いラインがあります。1本はエジプトのナイル川、もう1本は中東のユーフラテス川を表します。この2つの大河に挟まれた地域が、イスラエル人に約束されている土地であると『旧約聖書』は記しています。

「創世記」の一節「主はアブラハムと契約を結んでいわれた。『わたしはこの土地をあなたの子孫に与える。エジプトの川からかの大河ユフラテまで』」です。この啓示を頑なに信じ、ここまで領土を広げようとするのがグレーターイスラエル構想です。

もちろんほとんどのイスラエル人は、そんなことを考えていません。パレスチナ人とは平和的にうまくやっていきたいと思っています。

イスラエルの工場や店には、ヨルダン川西岸地区から出稼ぎに来ているパレスチナ人労働者も多くいます。多くのイスラエル人にとって、彼らは一緒に仕事をしている仲間です。これに対し、ごく一部の過激な右翼政治家だけが、グレーターイスラエル構想を本気で考えているのです。

グレーターイスラエル構想を進めるイスラエルのシオニスト（ユダヤ民族主義者）は、現在は構想を推し進める最大のチャンスと考えています。ハマスと戦争し、ヒズボラとも戦うことでイスラエルの領域を拡大し、グレーターイスラエル構想を実現させようとしているのです。

なかでも急先鋒となっているのが、第6次ネタニヤフ政権にいる3人の過激シオニストです。ベザレル・スモトリッチ財務大臣、イタマル・ベン・グヴィル国家安全保障大臣、ヤリフ・レヴィン副首相兼法務大臣で、彼らはお金と警察と法律を握り、ネタニヤフ首相も操っています。ネタニヤフは神輿に担がれたような存在で、イスラエルにも危険な陰謀がうごめいているのです。

アメリカに存在するディープステートの正体

ここまで述べたようなアメリカの行ってきた陰謀について、背後にいるのがディープステートであるという見方があります。ディープステートとは、政府の中にある影の実力者集団のことです。2024年のアメリカ大統領選でのトランプ氏の主張に「闇の政府を粉砕する」、つまり「ディープステートを潰す」というものがありました。

ディープステートという言葉には怪しげなイメージがついて回り、この言葉を使うと陰謀論者扱いされます。とはいえアメリカの行動について「陰謀論」とされていたものが実際に陰謀であったように、ディープステートもたんなる陰謀論では片づけられません。だからこそトランプ氏は「ディープステート潰し」を公言したのです。

イギリスのリズ・トラス元首相も、ディープステートに関する発言を繰り返しています。これによりトラス氏は強い非難を浴びましたが、ディープステートの存在を不安に思う人たちが大勢いることは確かです。

２０１７年に日本貿易振興機構（ジェトロ）がまとめた「米国における政策策定プロセスとロビー活動にかかる調査報告書」という資料があります。ロビー活動とは、個人や企業、団体などが自らの利益に沿うよう、政治家や政府関係者に働きかけることです。欧米ではロビー活動が盛んで、先の報告書にはアメリカの民主党に対するロビー活動に多くの予算を支出している団体が公開されています。

米国商工会議所、米国不動産協会、ブルークロス・ブルーシールド協会、米国病院協会、米国研究製薬工業協会、米国医師会、ボーイング社などの名が挙げられています。つまりアメリカの民主党は、医薬品業界や金融産業、軍需産業に支援されて成り立っているのです。

ここに新聞や地上波テレビなど、大手マスコミも加わります。民主党は彼らに巨額の利益を誘導するための存在で、国民に目を向けていません。いまやアメリカはディープステートに食い物にされた国という解釈が成り立つのです。

あるいはアメリカ人の社会思想学者ジェイソン・モーガン氏は、ディープステートの正体を次のような組織と見ています。アメリカ中央情報局（CIA）、アメリカ連邦調査局（FBI）、アメリカ国防総省（ペンタゴン）、アメリカ国家安全保障局（NSA）、アメリカ合衆国国内歳入庁が中核をなし、ほかに民主党、共和党内のグローバリストも仲間になっています。

軍産複合体が絡むことからディープステートは戦争を好みます。戦争があれば軍需産業が大儲けできるからです。バイデン政権時代にウクライナ戦争が始まり、イスラエル・ハマス戦争が起きたのも、ディープステートが戦争を好んだから、と考えられるのです。

ディープステートは民主党を操り、大統領候補も彼らが操りやすい政治家を好みます。けっして有能といえないバイデン氏やカマラ・ハリス氏を擁立したのも、そのためと考えれば合点がいきます。

アメリカのディープステートに対して日本政府は言いなりで、いい金づるになっています。ウクライナ支援、イスラエル支援について、当時の岸田政権は二つ返事で何兆円もの予算を投じています。一方で能登半島地震の災害復旧には、さしたる予算を回していません。日本政府の目も国民ではなく、ディープステートのほうを向いているのです。

万引き犯を見つけても何もできない

ディープステートが推し進めようとしている政策に、移民受け入れやＳＤＧｓ（持続可能な開発目標）、ＬＧＢＴ（性的マイノリティ）問題があります。そこからバイデン政権も移民受け入れに積極的で、不法移民に対しても寛容でした。

これはオバマ政権の流れを汲むものですが、オバマ政権のあとのトランプ政権は不法移民の受け入れを認めませんでした。そのトランプ政権時代の政策を再びもとに戻し、不法移民を受け入れるようになったのです。

トランプ政権というと「移民反対」のイメージが強いですが、移民すべてを認めないわけではありません。正式に書類を申請して認められた移民ならウェルカムです。逆に書類申請をせず勝手に国境を越える移民は、不法移民として扱って認めない。オバマ政権時代に不法移民が大量に流入してきたので、トランプ政権はこれを止めようとしたのです。

いまのアメリカには「不法移民」という言葉自体、人種差別と主張する左派もいます。「不法移民」という言葉を使っただけで、人種差別主義者と非難されます。不法移民は

「書類の準備ができていない移民（アンドキュメンテッド・イミグレント）」と言わなければならなくなっています。

そうした中、不法移民が増えつづけるアメリカの現状はどうかというと「赤信号みんなで渡れば怖くない」方式で、大勢で集まって組織的犯罪を起こすのです。その結果アメリカ各地で犯罪が多発し、一般人の生活がかなり脅かされているのです。

店の主人や店員が万引き犯を見つけて腕を摑むと、「手を出すほうが悪い」として逆に逮捕されてしまうこともあります。そのため店側は万引き犯を見つけても何もできなくなっています。万引きはやり放題になり、経営がたちいかないので、閉店する店も珍しくありません。

店がなくなると地域の人は通販に頼るしかないですが、その通販もアテになりません。不法移民が通販業者のトラックを襲撃し、物品を奪っていくからです。これがアメリカにおける行き過ぎた人道支援の実態です。

行き過ぎた人道支援は、黒人に対しても同じです。以前こんなニュースを見ました。カリフォルニア州に住む女性が、毎日後ろから誰かにつけられていると警察に相談したときです。警官にどんな人かと尋ねられ、「黒人男性のようです」と答えると、警官から「それは人種差別です」と言われ、何の対応もしてくれなかったそうです。黒人ならストーカーも、やり放題なのです。

学校でも、深刻な問題が起きています。教室で生徒が暴れたら、昔なら教師がゲンコツでおとなしくさせて終わりでした。それがいまは生徒が暴れると、生徒に精神安定剤を注射するのです。精神安定剤を使えば、医薬品会社が儲かるからです。医療関連団体が民主党政権に強い影響力を持った結果、このような信じられないことが起きているのです。

さらには、行き過ぎたLGBT問題もあります。たとえばある教師が男の子に「君は女の子に生まれてくればよかったのにね」と言いつづけ、洗脳していくのです。何度もそんなことを言われると、その子は「僕は女の子のほうがいいのかな」と思うようになります。

やがてその子が「性転換手術をしたい」と言いだせば、当然その子の親は反対します。ところがカリフォルニア州の法律では、子どもの性転換手術に親が反対したら、その子を里親のところに連れていっても構わないことになっているのです。

これは実質、誘拐です。こんなことがLGBTの人たちの権利を守るといった美名のもと行われているのです。そこには性転換手術をすれば医者が儲かるという、医者側の論理も存在します。

　バイデン政権下のアメリカではＬＧＢＴ問題から人種差別問題、人権問題などが行き過ぎた結果、ふつうの常識を持った人たちが極めて生活しづらい、危険な国になっているのです。

トランプ大統領がやろうとしていること

　２０２４年のアメリカ大統領選で、トランプ氏がカマラ・ハリス氏を破って当選しました。これはウクライナ戦争や中東問題といった国際情勢をアメリカの有権者が憂いたから、あるいはディープステートの存在に気づいたからというより、目先の生活に不安を感じたからでしょう。

　アメリカ人はバイデン政権下でインフレと増税に苦しみ、しかも不法移民やＬＧＢＴ問題などによって社会が崩壊の危機にあります。これを何とかしてほしいと切実に思い、トランプ氏に票を投じたのです。

　第２次トランプ政権は、これらの問題解決に動きだしていくでしょう。同時に国際情勢にも切り込んでいくはずです。ＢＲＩＣＳが反アメリカで結束し、ＢＲＩＣＳ共通決済システムやＢＲＩＣＳ共通通貨がつくられるようになれば、ドルの一強体制は崩れます。それはアメリカの息の根を止めることになりかねません。

それがわかっているからトランプ大統領は、アメリカの価値の暴落を防ごうとしているのです。第２次トランプ政権の本質は、まさにそこにあります。

第１次トランプ政権時代には、ドルに対する新しい決済システムの挑戦はありませんでした。アメリカとアラブ諸国との関係も良好で、アメリカは「強いアメリカ」として世界をうまくマネジメントしていました。それを全部壊したのがバイデン政権です。

第２次トランプ政権が目指すのは、経済はもちろん軍事、安全保障を含めて、アメリカがもう一度世界のトップとして世界をコントロールする時代です。

そのためには、ＢＲＩＣＳと敵対するのではなく、むしろ彼らに接近し、利用することまで考えているはずです。第２次トランプ政権の誕生により、世界の勢力地図は大きく変わっていくのです。

具体的に世界はどのように変わっていくのか。以下の章で、国や地域別に見ていくことにします。

第2章

トランプ大統領は中東とどう向き合うか

トランプ大統領が重視するサウジアラビアとの関係回復

第2次トランプ政権でトランプ大統領が最も重視しているのは中東、とくにサウジアラビアとロシアです。

第1次トランプ政権では、アメリカはサウジアラビアともロシアとも良好な仲を築いていました。ところがバイデン政権時代に一変し、両国との関係は険悪になりました。そうした中、トランプ大統領はサウジアラビアやロシアとの関係の建て直しを図ろうとするはずです。

そこで本章では、まずサウジアラビアをはじめとする中東の国々との関係が、どのように変化していくかを見ていきたいと思います。

トランプ大統領がサウジアラビアを重視するのは、安価で安定供給できる石油が欲しいからです。1章で述べたようにアメリカはシェールガス革命を進めていますが、開発に莫大なコストがかかる問題があります。

トランプ大統領は国内産業を活性化したいと考えていますから、そのためにサウジアラビアの石油がほしいのです。

加えてサウジアラビアは、アメリカから武器を大量に買ってくれる国でもあります。とくに2024年にイランと国交成立する前のサウジアラビアは、イランの脅威に備えるためにアメリカの武器を多く必要としていました。

先に述べたように、もともとアメリカとサウジアラビアの仲は良好で、それを壊したのがバイデン政権です。バイデン政権時代に離れていったサウジアラビアとの関係を再構築しようというわけです。

第1次トランプ政権時代のトランプ大統領とサウジアラビアのムハンマド皇太子は、よきビジネスパートナーでした。その信頼関係をもとに、トランプ大統領はサウジアラビアをもう一度アメリカ側に引きつけようとするでしょう。そのための取引材料を準備しているはずです。

トランプ大統領がサウジアラビアを重視するのは、サウジアラビアが中東の盟主だからでもあります。サウジアラビアを味方につければ、他の中東諸国もすべてアメリカ側につくことにもなります。

サウジアラビアを盟主とするのは、21カ国から成るアラブ連盟です。アラブ連盟の共通語はアラビア語で、アラビア語は国連の公用語の1つになっているほどです。さらにアラブ連盟の宗教はイスラム教スンナ派で、民族はアラブ系と、言語、宗教、民族が同じ国が集まっています。

もちろんそれぞれの国には、それぞれの立ち位置があります。たとえば教育ではエジプトがアラブ連盟の中で随一の存在で、アレクサンドリア大学、カイロ大学といった有名な一流大学があります。エジプトはそのことに誇りを持っています。

ただし政治ではサウジアラビアが随一で、アラブ連盟で最も強いリーダーシップを持っています。それを象徴するのが、イスラエル・ハマス戦争が勃発した直後に行われた会議です。

2023年10月7日にハマスがイスラエルを攻撃すると、サウジアラビアのムハンマド皇太子は、アラブ連盟とイスラム協力機構に属する57カ国の首脳に電話で緊急招集を行いました。そして11月11日に開催された会議には57カ国の王や大統領が集まったのです。これがサウジアラビアの持つ影響力です。

もしこれが朝鮮半島有事だった場合、日本の首相が世界中の国々の首脳に電話をして、「東京で緊急会議を開く」と言って、いったい何カ国が集まってくれるでしょう。57カ国もが集まることなど到底ありえません。しかしサウジアラビアには、それが可能だったのです。

トランプ大統領も、このサウジアラビアの影響力の大きさを知っています。だからこそもう一度味方につけようとしているのです。

サウジアラビアが最も欲しいのは核兵器

現在サウジアラビアが最も欲しいものは何かというと、核兵器です。サウジアラビアは表向きは原子力発電など民生用の核利用を求めていますが、本当に望んでいるのは核兵器です。

バイデン政権時代、サウジアラビアはバイデン政権に対して民生用の核の利用を外交カードに使っていました。当時のバイデン政権がサウジアラビアに望んでいたのは、イスラエルとの国交正常化です。

バイデン大統領はサウジアラビアとイスラエルの国交正常化を斡旋することで、これを大きな外交成果にしようと考えていました。ブリンケン国務長官をはじめバイデン大統領の側近たちも、サウジアラビアとイスラエルの国交正常化に動いていました。このときサウジアラビアは原子力発電所を見返りに求めていましたが、本当に欲しかったのは核兵器そのものです。

サウジアラビアは2023年に中国の仲介で、イランとの国交正常化に合意しています。とはいえイランを100パーセント信頼しているわけではありません。そもそもイランはアラブ民族を見下しています。イランには古代ペルシア文明の伝統が受け継がれていて、現代でも優れた工業力を持ち、モノづくり立国であることを誇りにしています。イランからすれば、サウジアラビアをはじめアラブの人びとは、砂漠でラクダを引っ張って、交易で生きている遊牧民です。少し見下しているところがあります。そうしたイランの態度にサウジアラビアは腹立ちもすれば、不信感も持っています。

しかも現在のイランは、イスラム原理主義革命によって成立したシーア派の国です。シーア派によるイラスム原理主義革命の波が、イランからアラビア半島に押し寄せることは、絶対に避けたいと考えています。

アラブ諸国のサウジアラビアやUAE、カタールなどは絶対君主制の国です。王家が司る国であり、そんな国に革命の波が押し寄せれば王家が崩壊しかねません。

しかもイランは核保有を目指しているうえ、9000万という大きな人口を抱えています。イランの軍事力だけでも、サウジアラビアには潜在的脅威です。国交正常化したとしても、ペルシア湾を挟み睨み合っている関係に、変わりはありません。

握手をしているけれども、テーブルの下ではお互いに蹴りあっているような雰囲気があります。核開発を進めているイランと対等であるためにも、核兵器を持つべきと、サウジアラビアは考えています。

イスラエルが求めるサウジアラビアとの国交正常化

バイデン政権が求めたサウジアラビアとイスラエルの国交正常化は不発に終わり、サウジアラビアもまた核保有構想が頓挫しました。おそらく第2次トランプ政権についても、サウジアラビアは核保有を要求すると思います。

トランプ大統領ならサウジアラビアの核開発を認める可能性は高いですが、サウジアラビアはもう1つ、アメリカに要求していると思います。それはイスラエルを説得し、ハマスやヒズボラとの戦争をやめさせることです。

もともとサウジアラビアをはじめとしたアラブ諸国には「パレスチナの大義」という共通理念があります。これはパレスチナ人の主権、パレスチナ国の国家主権が確立されない限り、イスラエルを国家承認はできないという考え方です。

この理念の下ではパレスチナを不法支配し虐殺を繰り返すイスラエルを到底許すことはできないのですが、パレスチナの大義云々以上に、まずはイスラエルによって日々行われる目の前の虐殺を止め、1日も早く戦争をやめさせるために、「停戦が確実に行われれば、今のイスラエルを国家承認しても良いという妥協策に今後出てくる可能性もある」と、一部のアラブ社会の専門家たちは言っています。

サウジアラビアはイスラエル国家承認のハードルを下げ、戦争を止めることに最大限努力をし、停戦と交換条件にイスラエルを国家承認する、という見方ですが、これはその一方でパレスチナを見捨てる、諦めるという見方ともとれます。

そのうえでトランプ大統領が核開発を認めるなら、交換条件でサウジアラビアもイスラエルとの国交正常化を受け入れ、アメリカとサウジアラビアは第1次トランプ政権時代のような良きビジネスパートナーに戻れるでしょう。

そうなると問題はトランプ大統領が、いかにイスラエルを説得するかです。イスラエルに戦争をやめさせるにはイスラエルにも何か利益を与える必要があり、1つはネタニヤフ首相の身の安全です。

ネタニヤフ首相にはさまざまな疑惑があり、首相の座を降りれば即座に逮捕されるといわれています。ネタニヤフ氏が首相の座にしがみつくのもそのためで、逮捕されないことを条件にするなら停戦も考えるかもしれません。

そして停戦後のイスラエルが望むのは、前述したサウジアラビアとの国交正常化です。バイデン政権時代からイスラエルは、サウジアラビアとの国交を望んできました。そうなればトランプ大統領としてはサウジアラビアさえ説得すればよく、その対価としてサウジアラビアの核開発を認めればいいわけです。

ただしイスラエルは交渉にあたり、もう1つ条件を組み入れるはずで、それはイスラエルの領土拡大です。すでに述べたようにイスラエルの右翼にはグレーターイスラエル構想があり、イスラエルの領土拡大を目論んでいます。

現在のイスラエルはゴラン高原方面に進出するとともに、ガザも掌握しつつあります。トランプ氏が2024年11月に大統領選に勝利して以降、イスラエルは躍起になって領土拡大を進めてきました。トランプ氏の大統領就任の日までに、できるだけ既成事実をつくろうというわけです。戦争をやめる代わりに、この既成事実を認めさせようとするはずです。

そんな中、トランプ大統領就任前日の2025年1月19日、ガザ地区におけるイスラエルとハマスの停戦合意が発表されました。カタール、アメリカ、エジプトの仲介によってまとめられたと言われています。

この停戦合意の内容は、第一段階で1月19日から42日間（6週間）の停戦を行い、ガザからイスラエル軍は段階的に撤退し緩衝地帯へ移動し、双方の人質の交換を行うというものです。

第一段階終了後に第二段階として、人道支援の拡大とインフラの復旧を行い、第三段階として恒久的な停戦に向けた交渉を行い、今後協議しながら詳細を詰めていくというものです。

一見平和的に見えそうな停戦合意ですが、パレスチナ側の要望である2国家共存やパレスチナの主権などは一切触れられていません。まるでイスラエルがガザ支配を強めていくような印象を持たざるを得ない停戦合意です。

また、インフラの復旧や恒久的な停戦に向けた交渉などは、イスラエル人がガザに居住開始し、グレーターイスラエルに向けた既成事実を作ってしまうかのような意図が盛り込まれているのを強く感じるのは、私だけではないと思います。

トランプ×ネタニヤフ首脳会談の目論見

2025年2月4日にネタニヤフ首相は、トランプ政権発足後で初めてのホワイトハウスに招待された外国首脳として、トランプ×ネタニヤフ首脳会談が行われました。ここでガザの戦後処理について両者は話し合われ、トランプ大統領は会見で「アメリカがガザを所有し再建する」という発言がありました。

その意味は、ガザの人たちがこんな瓦礫の中で生活を再建できるわけがない。ガザ住民には移住してもらい、その間に瓦礫の除去、不発弾や地雷の除去を進め、ここにイスラエル人を含めて世界の人たちが住める美しい街、新しいリビエラを建設する。というものでした。

世界からはこれは新手の民族浄化だという声も上がり、アラブ諸国を中心にG7のフランスやドイツなどからもこの計画に強い非難声明が出ています。ガザ住民は一度ガザを出ると二度とここには戻れないことを知っているからです。現にヨルダンの難民キャンプに避難した人たちは何十年もガザには戻れず、不衛生な環境で仕事にも就けず避難民生活を強いられています。

またイスラエル人を含めて世界の人たちが住める街というのは、イスラエル人のためのインフラ開発や都市開発を進めていくというニュアンスにも捉えることができ、ガザはトランプの巨額の不動産ビジネスということも言われています。

この発表をする直前、前年12月の年末にトランプの次男が上級副社長を務めるトランプの不動産会社トランプオーガニゼーション社は、「中東は不動産投資の多大なる可能性を秘めており、中東での不動産開発を加速する」と発表しています。

世界的にもトップクラスの人口増加率、そしてアジア・ヨーロッパ・アフリカ大陸のハブとして機能し多種多様な人やモノの行き来がある中東において、不動産ビジネスとしては大いなるチャンスがあるのでしょう。特にガザには美しい地中海東岸の景色や天然ガスなどがあります。またアフリカから地中海東岸に繋がるルートでもあります。

停戦合意がもしもきちんと進められるのであれば、焼け野原の更地となったガザの土地は仕入れが安く、開発を進めていけば大きなリターンが得られるはずです。その彼のビジネスに向かって一歩踏み込んだトランプ×ネタニヤフ首脳会談になったのではないかと思われます。

現にトランプ大統領は、政府系ファンド設立の大統領令に二人の会談前日の2月3日に署名しています。政府系ファンドを設立するということは、アメリカ政府が大々的に株や土地・不動産への投資を始めるということを公に宣言したようなものなのです。

ネタニヤフ内閣・内部分裂の危機

一方、停戦そのものに真っ向から反発している勢力もおり、ネタニヤフ政権の強硬派グループが戦争継続を推進しています。現在の第六次ネタニヤフ内閣は連立与党ですが、その連立を構成する国家安全保障大臣のイタマル・ベン・グヴィル率いる政党ユダヤの力は、この停戦合意を認めず、政権から離脱することを発表しました。

さらに同じく連立を構成する財務大臣ベザレル・スモトリッチ率いる政党、宗教シオニスト党も、6週間の停戦後に戦闘を再開しなければ、彼らも政権を離脱し、現政権を倒すと宣言しています。これはトランプ大統領就任の1月20日にタイムズ・オブ・イスラエルで報じられました。

強硬派たちによる過激なガザ支配の思想は一切の妥協が許されず、今ネタニヤフ内閣はその温度差の違いで崩壊の危機にあるというのもトランプ政権誕生の瞬間に露呈されました。内部分裂の危機と背中合わせでありながらも、彼ら第６次ネタニヤフの目指すものはグレーターイスラエルという広大な領土を支配することです。

トランプ大統領がイスラエルの言い分をそのまま呑むなら、イスラエルの外交的勝利になります。ただしこの場合、国際社会から見てイスラエルは、あまりに勝ち過ぎたように映ります。「イスラエルに甘すぎる」とトランプ大統領は国際社会から非難されかねません。

しかもイスラエルの領土拡大に怒ったイランが、本格的にイスラエルを攻撃してくる可能性もあります。これは１９４８年に始まった第１次中東戦争の再現にもなりかねません。

第１次中東戦争は、西側諸国と国連が勝手にイスラエルという国をパレスチナにつくらせたことに起因します。周囲のアラブ諸国は、この勝手で強引な建国を認めませんでした。当時のパレスチナの人口はアラブ系が１２０万人、イスラエル系が65万人でした。アラブ系のほうが多いにもかかわらず、イスラエルのほうに多くの土地を与えたからです。

アメリカがイスラエルの領土拡大を認めれば、同じような状況になります。第1次中東戦争に参戦しなかった強国イランが、もしも戦いに乗り出すことになれば、さらにひどいことになりかねません。

アブラハム合意で〝離れ業〟をやったトランプ大統領

ここでトランプ大統領がどうするかというと、思いもかけないディールを仕掛けてくる可能性があります。

サウジアラビアとイスラエルの国交正常化について、イスラエルとサウジアラビア、さらに中東諸国を納得させるのは、複雑なパズルを解くようものです。そのためにトランプ大統領は思いもよらない〝飛び道具〟を準備しているように思います。

イスラエルもサウジアラビアも納得せざるを得ない、予想だにしなかった落とし所です。私がそう考えるのは、2020年8月の「アブラハム合意」があるからです。

アメリカの歴代大統領で中東和平の歴史的合意を達成した人は3人しかいません。1人目は、1979年にイスラエルとエジプトの国交正常化を斡旋したジミー・カーター大統領、2人目は、1994年にイスラエルとヨルダンの国交正常化を仲介したビル・クリントン大統領です。

そして3人目がトランプ大統領で、これが2020年8月のアブラハム合意です。アブラハム合意では、まずイスラエルとUAE・バーレーンが国交正常化し、続いてイスラエルとスーダン・モロッコが国交正常化しました。

カーター大統領、クリントン大統領によるイスラエル和平は、それぞれ1カ国のみが対象でした。これに対してトランプ大統領は、一度に4カ国との国交を正常化させたのです。これは前代未聞のことで、ワシントン内部はもちろん世界中で高く評価されています。逆にいえばアブラハム合意は、トランプ大統領による曲芸のような「政治的成果」でもあるのです。

イスラエルは建国以来、77年間にわたってパレスチナのヨルダン川西岸地区で入植活動を続けてきました。パレスチナ人を家から追い出し、抵抗するパレスチナ人を殺し、土地を奪い、イスラエル人が住むためのマンションを建設してきました。

これらはアラブ諸国にとって許せるものではなく、アラブ諸国は長くイスラエルを強く非難しつづけてきました。

イスラエルがパレスチナ国家の主権やパレスチナ人の人権を認め、保障しないことにはイスラエルとの握手などとてもできません。これがアラブ連盟21カ国に共通する「パレスチナの大義」という考え方です。にも関わらずUAE、バーレーン、スーダン、モロッコの4カ国が、イスラエルとの国交正常化に合意したのです。

これをアラブ連盟のリーダー・サウジアラビアが認めたのは、トランプ大統領とサウジのムハンマド皇太子が交渉を重ねたすえに見つけた妥協の産物です。このときサウジアラビアの念頭にあったのは、オスロ合意の遵守です。

オスロ合意とは、1993年にノルウェーの仲介で成立した、イスラエルとPLO(パレスチナ解放機構)による和平合意です。ここでイスラエル軍のガザ地区とヨルダン川西岸地区からの段階的撤退と、5年以内に最終的地位交渉を図ることが決まりました。

これはイスラエルがこれ以上パレスチナに入植せず、パレスチナとの国境線を越えないという取り決めでもあります。これこそ「パレスチナの大義」の本来あるべき姿ですが、とはいえ77年間の入植活動により、多数のイスラエル人がヨルダン川西岸地区に家を持ち、住みついています。この現実を無視して「イスラエル人はすべて出ていけ」というのも、さすがに無理があります。

そこで、これまでのイスラエルの入植は既成事実として認めるけれど、これから先のイスラエルの入植活動はいっさい認めないとした。これがアブラハム合意で、まさにトランプ大統領とムハンマド皇太子による、イスラエルに対する最大限の妥協の産物です。

ところがこのアブラハム合意は、2022年12月に成立した第6次ネタニヤフ内閣により破られます。ネタニヤフ政権はパレスチナ自治区への入植を再開、サウジアラビアやエジプトは入植をやめるよう警告を発しますが、むしろイスラエルは入植活動をエスカレートさせていきます。業を煮やしたハマスが仕掛けたのが、2023年10月の大規模テロだったのです。

ここから始まったイスラエル・ハマス戦争をバイデン政権は止められませんでしたが、トランプ大統領なら再びアブラハム合意のような離れ業を準備している可能性があります。

それに対し、ネタニヤフ首相が保身のためにトランプ大統領の提案を断るなら、ネタニヤフ首相を物理的に排除することも考えるでしょう。

少し深読みすると、前述したトランプ大統領就任のタイミングでの、イタマル・ベン・

グヴィル国家安全保障大臣とユダヤの力、ベザレル・スモトリッチ財務大臣と宗教シオニスト党の政権離脱宣言も、ネタニヤフ排除のプロローグなのかもしれません。さらに何らかの秘密工作が伴い、場合によってはネタニヤフ氏暗殺も否定できません。

イスラエルがサウジアラビアとの国交を望む理由

すでに述べたようにイスラエルは、サウジアラビアとの国交を望んでいます。これまでイスラエルは中東戦争を何度も戦い、多くのアラブ人を殺してきました。近年ではパレスチナのアラブ人たちを殺害しつづけています。

そんなアラブ人と相容れない行動をとっているイスラエルが、サウジアラビアとの国交を望んでいるのは、日本人の感覚では理解しがたいかもしれません。

ここがある意味、中東の不思議なところです。中東では敵と味方が交錯していて、絶対的な敵もいなければ、完全な味方もいないのです。

アラブ人と敵対してきたイスラエルがサウジアラビアとの国交を求めているのは、1つには中東で孤立したくないからです。そもそもイスラエルの本来の敵は、アラブ諸国ではありません。イスラエル殲滅を目標としているイランです。

イラン包囲網をつくるためには、中東諸国を味方にする必要があります。ここで中東の盟主・サウジアラビアを味方にするなら、他の中東諸国もあとに続きます。

2023年3月のイランとサウジアラビアの国交正常化の前、第6次ネタニヤフ内閣成立直後に、イスラエルがサウジアラビアに共同によるイラン攻撃を持ちかけたこともあります。ネタニヤフ首相がムハンマド皇太子に直接電話してイランへの共同攻撃を提案したというものです。ただしこれは拒否されています。

イスラエルの中東諸国に対する見方は、いわば親分目線です。中東諸国は格下で、少しいじめてもやり返して来ない、イスラエルの言い分を何でも聞く弱小国程度に見ています。コントロールしやすい国として、陣営に引き入れておきたい。そのために中東の盟主・サウジアラビアとの国交を望んでいるのです。

トランプ大統領の真の目的は中東からの撤退

サウジアラビアとイスラエルが国交正常化し、アメリカがサウジアラビアの核保有を認めれば、中東ではサウジアラビア、イスラエル、イランの3カ国が実質の核保有国となります。イランは核保有について原子力発電用としていますが、核兵器への転用可能な高濃縮ウランを、密かに生産していることは明白です。

2023年にはウランの濃縮度が90パーセント近くに達していることが明らかになりました。イランは濃縮ミスと弁明していますが、90パーセントという高濃度のウランは核兵器にしか使いません。すでにイランは兵器用の核開発を成功させていたと見て、間違いありません。

サウジアラビア、イスラエル、イランの3カ国が核保有国になれば、中東では三すくみのせめぎ合い状態になります。これはトランプ大統領にとって、都合のよい状況と考えられます。

3カ国が互いに牽制しあうことで、簡単に戦争ができなくなります。3カ国をはじめ中東諸国は、戦争はやらないほうがいいという方向に傾いていくでしょう。こうして中東に戦乱の火種がなくなれば、アメリカは中東から撤兵しやすくなります。これがトランプ大統領の意図するところです。

トランプ大統領は他国の戦争にアメリカ兵を送り込んだり、国民の税金を費やすことを嫌います。全世界に散らばるアメリカ兵をすべて撤退させるのが目標で、中東に核の均衡をもたらすことで、中東から撤兵したいと考えていると思います。そうなるとアメリカはまったくとは言わないまでも、さほど中東情勢へ介入することはなくなるでしょう。

これは中東と縁を切るという話ではありません。「中東とはビジネスライクにつきあい、金儲けをしたい」とトランプ大統領は思っているのです。中東とのビジネスライクなつきあいは、アメリカにとって大きなメリットがあります。

なんといっても中東は、世界的なエネルギー供給源です。中東各地の油田の権益を押さえておくなら、アメリカはそれらの油田をコントロールできます。

もともと中東の油田に多くの権益を持っていたのはイギリスでした。それが第2次世界大戦を経てイギリスは力を弱め、撤退していきます。その後アメリカが中東に入っていくのですが、バイデン政権時代にアメリカの力も弱まってしまいました。

現在その隙をついて、中東に入ってきているのが中国です。トランプ大統領としてはこれを見逃すわけにはいきません。もう一度中東とよりを戻し、中東の油田の権益を押さえておきたいと考えているのです。

さらにトランプ大統領は、中東を有力な市場とも見なしています。サウジアラビアの人口は3700万人程度ですが、エジプトの人口は1億人を超えます。イランも9000万人ほどいて、中東・北アフリカ一帯の人口は5億人超になります。

しかも中東の国々は経済成長の真っただ中で、人々の購買力がどんどん上がっています。とくにサウジアラビア、UAE、カタール、クウェート、バーレーン、オマーンの湾岸協力会議諸国は、ここへ来ていっきに豊かになっています。

その根源は、石油と天然ガスだけではありません。湾岸諸国はそれぞれ政府系ファンドを運用し、総資産運用額は世界でもトップクラスです。彼らは50年後、100年後という長いスパンで国を豊かにすべく、世界各国の影響力ある企業や産業に投資し、さらには呑み込もうともしているのです。

その典型が2023年に起きた、UAEのアブダビ投資庁によるイギリスのスタンダードチャータード銀行の買収未遂案件です。スタンダードチャータード銀行は香港ドルの印刷元で、アジアに大きな影響力を持っています。アブダビ投資庁は、そのスタンダードチャータード銀行を丸呑みしようとしたのです。

この買収案件は破談になりましたが、UAEにはそれだけの資金があります。またサウジアラビアは、破綻したスイスの大銀行クレディスイスの筆頭株主でした。

日本は人口こそ1億人を超えますが、経済は衰退するいっぽうです。人々は財布の紐を締めっぱなしで、購買力はどんどん下がっています。トランプ大統領は豊かになった中東に、市場としての大きな価値を見ているはずです。

イランはアメリカと取引できる国

そのトランプ大統領の中東における大きな課題が、イラン問題です。イランは核開発中で、先に述べたようにすでに核保有国に等しい存在です。

もともとイランの核開発を抑制しようとしたのは、オバマ政権です。2015年のイラン核合意で経済制裁を解除する代わりに、イランの民生用核開発を監視下に入れようとしました。ところがイランは合意を守らず、トランプ大統領はイラン核合意から離脱します。

その後バイデン政権になってアメリカは再びイラン核合意に復帰する動きを見せますが、イランが核開発を進めている現状を考えると、トランプ大統領の判断は正しかったと思います。

第2次トランプ政権でも、アメリカはイランに厳しい締めつけをしてくると思います。イスラエルへの軍事的配慮もあれば、アメリカ国内での人気を得るためでもあります。トランプ大統領はキリスト教福音派の信徒です。アメリカ国内の福音派やユダヤ人は親イスラエルですから、彼らからの支持を得るにはイランに対して強硬姿勢で臨むほうがよい、ということになります。

ただしイラン包囲網を形成する一方、水面下ではイランとのディィールを考えていると思います。秘密裏にイランにいろいろな交渉を仕掛け、イランが断れない状況をつくって引き寄せていくのです。

そのオファーが資金援助なのか技術協力なのかは不明ですが、たとえば「言うことを聞けば、ドバイのような都市を築くための資金を用意しよう」といったディィールも考えられます。

トランプ大統領は、けっしてイランを毛嫌いしているわけではありません。強硬姿勢はあくまで国内での支持をとりつけるためのパフォーマンスです。そのためトランプ大統領がイラン相手に急接近することはないでしょうが、徐々に態度を変化させていくことは考えられます。

トランプ大統領のビジネスセンスを考えれば、イランも一つの市場と見ているはずです。イランには石油も天然ガスもあり、９０００万もの人口がいます。イスラム革命以前のイラン人は、アメリカ製品が大好きでした。再びアメリカの良い市場になる可能性を考えていると思います。

さらに私が、「第2次トランプ政権が水面下でイランと取引する」と考える理由は、もう1つあります。第1次トランプ政権時代に行った、イラン革命防衛隊のカセム・ソレイマニ司令官の暗殺と、その後のイランのありようです。

革命防衛隊を率いてきたソレイマニ司令官は、イランでは英雄に近い存在でした。シリア内戦でも戦果をあげ、イラクでもイスラム過激派のＩＳＩＬを掃討するといった実績を残しています。

そのソレイマニ司令官をトランプ政権は、２０２０年にドローンを使って爆殺しています。ここで本来ならアメリカに何らかの報復をするはずなのに、イランはいっさい動きませんでした。

これはトランプ政権がイランのトップに対し、事前に暗殺を告げていたからではないでしょうか。ソレイマニ司令官を暗殺するだけで、それ以上の破壊行動はしない。一方で何らかのメリットを与え、イランを納得させたように思います。

もちろん推論ですが、イランほどの国が有力な司令官、それも国民に人気のある英雄を殺されて何も報復しないのは、あまりに不自然です。そこから考えるとイランは完全な反米国家でなく、アメリカと取引できる国だったということになります。

「イランに投資する」と言ったサウジアラビアの財務大臣

イランに可能性を見ているのは、トランプ大統領だけではありません。サウジアラビアもまた、イランに可能性を見ています。

サウジアラビアがイランを恐れていることは確かですが、すでに両国は国交を正常化させています。この先サウジアラビアは、イランを投資先と見なしていくように思います。その背景には西側国家に対する失望があります。

すでに述べたようにサウジアラビアは、スイスの大手銀行クレディスイスの筆頭株主でした。クレディスイスに限らずスイスの金融機関は、中立性・秘匿性が極めて高く、世界のお金持ちはスイスの金融機関に資産を預けようとします。

サウジアラビアもまたクレディスイスに絶対の信頼を置き、筆頭株主にまでなったのです。ところがそのクレディスイスが２０２３年に破綻したことで、サウジアラビアは裏切られた思いを抱くと同時に、もはや西側諸国に成長の見込みはないと判断しました。

クレディスイスの破綻は、サウジアラビアとイランが国交正常化した直後のことです。クレディスイス破綻に際してサウジアラビアのムハンマド・ジャダーン財務大臣は、今後は西側諸国に投資していた資金を引き上げていくと発言しています。

「では、どこに投資するのですか」と聞かれると、「第三世界」と答えていました。さらに具体的な国名を聞かれて、「イランに対する巨額の投資をすぐにも行う」と発言しています。

サウジアラビアはイランに対し、政治的な対立部分を残すものの、経済的パートナーとしてうま味があると見ているのです。欧米の経済制裁により困窮しているイランですが、サウジアラビアが投資することで経済成長できるというわけです。

イランは原油頼みの国と思われがちですが、実際には９０００万人の人口を抱えるうえ、モノづくりに長け、最先端の武器まで製造しています。

イランの軍需産業が伸びたのは、１９７９年のイスラム革命以後です。このとき以後、イランの国是は「イスラエルの殲滅・排除」になりました。そしてイスラエルを打ち倒すために軍事力を増強し、官民あげて核開発や武器産業への投資を行ってきたのです。

いまでは極超音速ミサイルまで製造するようになっています。極超音速ミサイルはアメリカもまだ開発途上の技術で、それをイランでは製造しているのです。ロシアはすでに開発に成功しているので、ロシアの技術がイランに渡った可能性もありますが、いずれにせよイランは「メイド・イン・イラン」の武器を多く生産しているのです。

中東におけるイランの産業技術は極めて高く、国内には大きなマーケットを抱えています。そこにサウジアラビアは魅力を感じているのです。ここにトランプ大統領が絡んでくる可能性も否定できません。

いまのところトランプ大統領はイランに対して強硬な姿勢を崩していませんが、イランとのディールを狙っていることは間違いありません。サウジアラビアがイランに投資するなら、そこにアメリカの投資や技術を紛れ込ませることもできます。やがてはイランがアメリカのパートナーとなる可能性も排除できません。

イランにも変化が起きています。ヘリの墜落で死去したエブラヒム・ライシ前大統領は強硬派で、国内経済より打倒イスラエルに重心を置いていました。一方、後任のマスード・ペゼシュキアン大統領はどちらかというと穏健派で、戦争より豊かさを求めようとしています。

アメリカがイスラエルとのバランスを考えなければならないのも確かですが、そこを考えながら、水面下でイランと接触していくでしょう。

アサド政権崩壊後もシリアの混乱は終わらない

２０２４年12月、シリアでバシャール・アサド政権が崩壊し、アサド大統領はロシアに亡命しました。政権崩壊前夜、シリアの首都ダマスカスでは、レストランもカフェも普段通り営業していました。そこにいきなり政変が起こり、アサド大統領は追われたのです。

アサド大統領はこれまで西側諸国から、独裁政権としてさんざん批判されてきました。日本のマスコミもアサド大統領を「民主主義の弾圧者」と非難してきました。アサド政権の崩壊で、シリアはこれから民主化に向かうとする報道も見かけますが、あまりに能天気な見立てです。かりに民主化に動いたとしても、それでシリアがよい方向に向かうことはありません。

中東に限らず世界の多くの国は、上から力で押さえつけることで、ようやく安定するのです。すでに述べたように、イラクはフセイン大統領が権力を握っていた時代に、一定の安定と平和がありました。リビアでも同じで、カダフィ大佐時代はそれなりにまとまっていました。

フセイン大統領もカダフィ大佐も、上から力で押さえつけることで国を安定させていたのです。彼らがいなくなったのち、イラクもリビアも治安が悪化し、混迷を続けています。

シリアも同じです。アサド政権の崩壊で、シリアがよい方向に向かうかといえば、むしろ国としての体をなさない方向に動くでしょう。

中東はもともと、無数の部族が部族ごとに勝手に住んでいた地域です。オスマン帝国の治世時代も、そうした状況が続いていました。それが第1次世界大戦のさなか、1916年にサイクス・ピコ協定を結び、オスマン帝国の分割に向けてイギリスとフランスが勝手に国境線を引いていきます。

そして第1次世界大戦が終わると、ほぼサイクス・ピコ協定に準じる形で、現在の中東の国境線が引かれたのです。いわば無理やり引いた国境線ですが、これに従ってシリアやレバノン、パレスチナ、イラクといった国々が、英仏による委任統治という形で出発したのです。

ここで問題は、各国の内部にはさまざまな部族が存在し、部族ごとに考えも違えば、宗教、宗派も違うということです。放っておけばそれぞれの部族の対立が起きて、収拾がつかなくなります。

そのため中東では強権の指導者が生まれやすく、逆にいえば強い力を持ったリーダーがいなければ、中東の国家はどこも、分裂状態になってもおかしくありません。西側の政治家やマスコミはこのことを理解していないから、シリアについて楽観的な見方ができるのです。

「独裁国家は悪」は本当か

日本ではシリアのアサド氏やイラクのフセイン氏を「悪の独裁者」として糾弾してきました。日本の価値観では、民主主義が正義で独裁は悪だからです。

けれども、この価値観は疑問です。世界には救いがたい独裁者もいますが、一方で国民を豊かにするために一生懸命働く独裁者もいます。

シンガポールのリー・クアンユー元首相、UAEのシェイク・ムハンマド首相、サウジアラビアのムハンマド皇太子などがそうです。彼らは、それぞれの国を豊かにするため奮闘してきたリーダーです。

UAEの首相で、ドバイの首長でもあるシェイク・ムハンマドが、イギリスのBBCによるインタビューで、「なぜ王様はいつもそんなに急いでいるのですか」と尋ねられたことがあります。彼がドバイの国家事業計画を猛スピードで進め、実行していたからです。彼の答えはこうです。「私はいまの国民に、10年後や20年後に豊かになってもらいたいのではない。いますぐ豊かになってもらいたいから急ぐのだ」。

こんな言葉を聞いた国民が、活気づかないはずありません。国民を豊かにすることについて、独裁政権か民主主義政権かは関係ないのです。国民が尊敬し、本気でついていこうとするリーダーなら、独裁者でもいいのです。

実際のところ、ドバイのシェイク・ムハンマドに統治されるのと、日本の岸田前首相や石破首相に統治されるのとでは、どちらが魅力的でしょう。つまり有能な独裁者と無能な民主主義のリーダーと、どちらを選ぶかという話です。

そう考えたとき民主主義は必ずしも正義ではなく、独裁も必ずしも悪ではないのです。保身にしか走らない民主主義の首相など、秀でた独裁者よりずっとタチが悪いと思います。

要は民主主義に馴染む国もあれば、そうでない国もあるということです。中東のように独裁のほうが好ましい国々もあり、「民主主義は善」「独裁は悪」という価値観で世界を見るのは非常に危険でもあるのです。

しかも民主主義国は往々にして、愛国心を否定しがちです。日本でも日の丸の旗を振っているだけで、マスコミは極右扱いしかねません。これもまた一方的な価値観です。

愛国心を否定する思考の背後にあるのは、ディープステートのプロパガンダでもあります。ディープステートは世界の垣根をなくし、国家もなくしたいと考えています。このような考えを鵜呑みにするのも危険です。

世界には家族や仲間を愛し、自分の国を愛している人たちも大勢います。彼らにすれば愛国心は素朴に当たり前のことです。そこを理解しないと世界でうまくやっていくのは難しいといえます。

世界最大の埋蔵量を持つベネズエラにトランプ大統領はどう対峙するか

トランプ大統領が中東に関心を持つ大きな理由の1つが、世界最大の油田地帯だからです。安価で使い勝手のよい石油を得るためには、それが独裁国家かどうかはトランプ大統領にとって関係ありません。

その意味でトランプ大統領は、やはり大産油国で独裁国家である南米のベネズエラにも関心を持っています。本章の最後にベネズエラについても、少し触れておきたいと思います。

石油の埋蔵量世界一といえばサウジアラビアの印象が強いですが、じつは現在世界一を誇るのはベネズエラです。長くサウジアラビアが世界一の時代が続きましたが、2010年以降の確認埋蔵量はベネズエラが1位になっています。

そのベネズエラは1999年に誕生したウゴ・チャベス政権以来、続くニコラス・マドゥロ政権も含めて、反米を掲げる社会主義の独裁政権でした。ベネズエラの反米はアメリカの搾取に対する怒りから来るものですが、これに対してアメリカも経済制裁を科していました。

同時に政権の切り崩しを図り、2024年の大統領選では、親米的な候補者を支援しました。しかし結果はマドゥロ大統領の勝利で終わりました。

ただしアメリカはマドゥロ政権に経済制裁を科し続ける一方、アメリカの大手石油会社シェブロンがベネズエラの石油を輸入することを認めています。大産油国であるベネズエラに対し、密かに抜け道をつくっていたのです。

ではトランプ大統領が今後、マドゥロ政権とどう対峙するか。私は、基本的に手なずけて石油を確保しようとすると思います。

歴代政権の経済政策の失敗により、ベネズエラ経済は困窮を重ね、ハイパーインフレにも苦しんでいます。そのベネズエラ経済を潤すようなオファーを出せるなら、ベネズエラの反米姿勢も変わってくると思います。

最大の問題は、マドゥロ大統領が真の愛国者かどうかでしょう。アメリカに巣くうディープステートと戦おうとするトランプ大統領は、民主主義者かどうかを超えた、真の愛国者です。

マドゥロ大統領が真の愛国者なら、愛国者同士トランプ大統領と通じ合えます。逆にマドゥロ大統領がただの独裁者なら、トランプ大統領とは合いません。トランプ大統領も匙を投げるように思います。

第3章

ウクライナ戦争後に始まる ロシアへの急接近

トランプ・プーチンの二人三脚体制

2章の冒頭で述べたようにトランプ大統領は、サウジアラビアと並んでロシアを重視しています。ロシアはウクライナ戦争以降、西側諸国から非難され、経済制裁も科されています。

そうした中、第2次トランプ政権は、ロシアのプーチン大統領との関係修復に努めるでしょう。3章では、トランプ大統領のプーチン大統領やロシアとの向き合い方について見ていきたいと思います。

西側諸国から総スカンといえる状態にあるプーチン大統領ですが、じつはトランプ大統領と価値観や利害が一致しています。ともに自国民を豊かにしたい「国益ファースト」の政治家で、「ディープステートを倒す」という点でも一致しているからです。

プーチン大統領のロシアは、西側の民主的な価値観とは一線を画し、独自路線をとってきました。プーチン大統領は、ソ連崩壊後の混乱などで大きく落ち込んだロシア経済を強いリーダーシップによって再建させた政治家です。

そのプーチン大統領を敵視してきたのが、アメリカを筆頭として西側諸国の背後にあるディープステートです。ディープステートの暗躍によってＮＡＴＯは旧ソ連圏にも拡大し、ウクライナまでも加盟させようとしました。

隣国ウクライナまで西側についたのでは、ロシアの安全保障が脅かされます。ディープステートからロシアを守るために戦ってきたのがプーチン大統領で、これはトランプ大統領の価値観と同じです。

すでに第1次トランプ政権時代から、トランプ大統領はプーチン大統領とタッグを組んでいました。これに日本の安倍晋三首相も加わり、ディープステートが最も恐れていたのがトランプ、プーチン、安倍のラインでした。

第1次トランプ政権時代、世界ではさしたる戦争が起こっていません。ウクライナでの戦争もなければ、イスラエルとハマスの戦争もありませんでした。それはトランプ、プーチン、安倍のラインがあったからです。トランプ大統領もプーチン大統領も安倍首相も戦争などしたくなかったからです。

安倍元首相が暗殺された現在、第2次トランプ政権ではトランプ大統領とプーチン大統領の二人三脚体制となり、これが世界の中心になるでしょう。これまでプーチン大統領は西側世界で悪役でしたが、すべてがガラリと変わるのです。

トランプ大統領とプーチン大統領は、表向きは対立しているように見せかけるかもしれません。けれども両者は通じ合っているので、トランプ・プーチン体制がこれからの世界の基軸になります。

トランプ大統領とプーチン大統領が組むということは、世界が二極化することを意味します。トランプ・プーチン体制に与する国と、そうでない国に分かれるのです。トランプ・プーチン体制に賛同する国がＢＲＩＣＳで、さらにはグローバルサウスの国々です。

一方で、トランプ・プーチン体制に否定的なのは、アメリカを除く西側諸国でしょう。トランプ大統領のアメリカは西側を離れ、ＢＲＩＣＳやグローバルサウスのリーダーになるとも推測できます。

これまで世界では、民主主義の西側諸国が独裁主義の国を敵視してきました。その構図がガラリと変わり、アメリカを除く西側諸国ｖｓグローバルサウス（アメリカを含む）の時代になるのです。

スノーデンの動向からわかること

トランプ大統領とプーチン大統領がいかに水面下で通じ合っているかは、アメリカのCIAやNSAの工作員だったエドワード・スノーデン氏の動向からわかります。彼はデル・テクノロジーズの社員として日本に駐在していた時代がありました。

彼は日本で活動するうちに、アメリカ政府が密かにやってきた悪事の多さに気づきました。ディープステートがいかに世界各国に食い込み、世界を操ろうとしているかを知ったのです。こんな卑劣なアメリカ政府とは関われないと決意し、CIAを辞職してロシアに亡命するのです。

その後スノーデン氏は日本の政府やマスコミに対し、ディープステートの存在について何度も警鐘を鳴らしています。日本はアメリカの軍産複合体や医産複合体にたかられており、もはや彼らに資金を送るべきではない、と訴えつづけました。

そんな彼がロシアに亡命したということは、当然、彼とプーチン大統領の間でも深い会話がなされているでしょう。スノーデン氏を通して、アメリカの深い闇を知ることもあったと思われます。逆にいえばプーチン大統領はアメリカの裏をもっと知ろうとして、スノーデン氏を保護しつづけてきたのです。

そのスノーデン氏は、第2次トランプ政権発足後アメリカに帰国するとされています。これが意味することは、トランプ大統領とプーチン大統領が密かにつながりつづけていたということです。

スノーデン氏はディープステートの闇をよく知っている人物です。ディープステート潰しを公言するトランプ大統領にとって、スノーデン氏はぜひ手に入れたい人物です。プーチン大統領もそのことを理解しているから、スノーデン氏の帰国を認めたようです。

そこにはトランプ大統領に対する、深い信頼もあると思います。アメリカで要注意人物扱いされているスノーデン氏をアメリカに返せば、彼は抹殺される可能性もあります。それでもアメリカに戻すということは、トランプ大統領が守ってくれるという信頼があるからでしょう。

しかもスノーデン氏はロシア滞在中に、ロシアの秘密もかなり知ったはずです。彼をアメリカに戻せば、トランプ大統領にロシアの秘密を知られることにもなります。それでも帰国させるのは、トランプ大統領とともにディープステートと戦おうとする、プーチン大統領の意志の表れでしょう。

もちろんディープステート側も、さまざまな横槍を突きつけ、トランプ・プーチン体制を崩しにくるでしょう。そのディープステートに反撃するためにも、スノーデン氏の存在は重要になってくるはずです。

ウクライナ戦争はすぐに停戦

第2次トランプ政権で早々に期待されるのが、ウクライナ戦争終結の斡旋です。トランプ大統領は、大統領選の時代からウクライナ戦争を即刻やめさせると発言してきました。実際トランプ大統領によって、ウクライナ戦争の停戦時期は早まると思います。

ウクライナ戦争にはロシアのプーチン大統領、ウクライナのウォロディミル・ゼレンスキー大統領、そしてG7の思惑が絡んでいます。ただ、繰り返しになりますが、トランプ大統領とプーチン大統領は水面下で通じています。プーチン大統領の説得には、ほとんど時間がかからないはずです。

G7の説得にも、そう時間はかかりません。G7も一枚岩ではなく、アメリカほどの大国なら、G7の国々をある程度、自分の側に引き寄せることができます。

残るはゼレンスキー大統領ですが、ウクライナが戦争を続けるほど、多くのウクライナ人が死んでいきます。これ以上の犠牲を出さないためにも、まずは停戦を受け入れさせる。その後ゼレンスキー大統領にいくつか条件を出すことになるでしょう。

ロシアに奪われた領土を諦める。NATOには加盟しない。これらを約束させたうえで、対価としてゼレンスキー大統領にお金を渡す。ほかにもゼレンスキー大統領が断れないオファーを用意しているかもしれません。

ゼレンスキー大統領を「愛国者」と見ている人が多いようですが、私は違うと思います。彼が求めているのは、カネと権力と地位です。「自分の地位が保障されるなら、ウクライナがどうなろうと関係ない」と考えている人物に見えます。

ゼレンスキー大統領は海外各地に不動産を所有し、カジノを購入しているという情報もあります。そんな人物が愛国者とは、とても思えません。もしもゼレンスキー大統領が真の愛国者なら、トランプ大統領との交渉はもめるかもしれませんが、そうでなければお金で解決できるはずです。

ウクライナ戦争を終結に持ち込めれば、トランプ大統領はプーチン大統領に貸しをつくれます。プーチン大統領はトランプ大統領に感謝し、2人の関係はより緊密化することにもなるでしょう。

ロシアがグローバルサウスに及ぼす影響力

トランプ大統領がプーチン大統領と組もうとするのは、世界におけるロシアの影響力を高く評価しているからでもあります。このロシアの影響力の強さを、ほとんどの日本人は知りません。

かつてソ連時代のロシアは大国でしたが、ソ連崩壊後は一時低迷します。そこからロシアの軍事力はともかく、多くの日本人は経済力や政治力、外交力に関しては無関心か無知に等しい状態です。

実際のロシアは経済力、政治力、外交力に優れ、世界に対して大きな影響力を持っています。このことはウクライナ戦争にあって、ロシアに経済制裁している国が少ないことからもわかります。

日本では、多くの国がロシアへの経済制裁に加わっていると思われがちですが、そんな国は世界で少数派です。せいぜいＧ７と、その周辺国であるオーストラリアや韓国程度です。

ロシアに経済制裁していない国の多くは、グローバルサウスの国々です。インドや中東諸国、アフリカ諸国なども制裁に加わっていません。Ｇ７とグローバルサウスの国々を比較すると、国の数も人口も経済規模もグローバルサウスのほうがＧ７を上回ります。Ｇ７を上回るグローバルサウスという勢力が、ロシアをサポートしつづけているのです。

1章で述べたように２０２４年10月にロシアの都市カザンでＢＲＩＣＳ首脳会議が開かれました。ロシアを議長国とするこの会議には、ＢＲＩＣＳ加盟国以外の国々も多く参加し、全部で36カ国が出席しています。トルコ、インドネシア、アルジェリア、ベラルーシ、タイ、ベトナム、ナイジェリアなどの13カ国は「パートナー国」として認められています。

ウクライナ戦争の真っ只中、それも西側諸国がロシアを敵視する中で、こうしたロシア中心の会議がロシアで開かれた。このこと自体、世界におけるロシアの求心力の強さを物語っています。

またＢＲＩＣＳに加盟する、しないに関わらず、ロシアと経済的にうまくやっていきたいと思う国もあります。中東にはそうした国が多く、サウジアラビア、UAE、エジプトなどは、完全にロシア寄りです。これらの国の首脳はプーチン大統領と会って、経済協力や投資協定を結んでいます。

このように世界におけるロシアの求心力や影響力は、日本人には信じられないほど大きいのです。そのようなロシアと組むことは、世界に影響力を及ぼすという点でトランプ大統領にも大きなメリットがあります。

日本人の多くは、G7的な視点でロシアを見ています。G7的に見れば、いまのロシアは封じ込められています。でも現実はそうでなく、ロシアはいまも超大国で、ロシアはその政治力、外交力によって他国を動かすことができるのです。

親ロシアに転向したアゼルバイジャン

いまのロシアがいかに他国を引き寄せる力を持っているかは、アゼルバイジャンの動向を見るとわかりやすいです。アゼルバイジャンは、黒海とカスピ海に挟まれたコーカサス地方に位置し、ロシアとも国境を接しています。

かつてソ連の一員でしたが、ソ連崩壊後、しだいに西側寄りの国になっていきました。ウクライナ戦争が始まった頃も西側べったりで、NATO加盟を望む雰囲気を漂わせていました。

ところがウクライナ戦争勃発後、しだいに姿勢を変えていきます。当初はウクライナを支援する姿勢で、武器の支援こそしないものの人道的な支援を送りつづけていました。そんなアゼルバイジャンが態度を変えたのは、1つは1章で述べたアメリカによる「ドルの武器化」です。これによりアゼルバイジャンは、ドルとアメリカに依存することの恐さを知りました。

それ以上に大きかったのが、第2次ナゴルノ・カラバフ戦争における西側諸国の態度だったように思います。ナゴルノ・カラバフは、アゼルバイジャンとアルメニアの領土係争地で、両国はたびたび小競り合いをしてきました。

アルメニアもまたソ連から独立した国ですが、アゼルバイジャンと違い、ロシア寄りでした。2020年の第2次ナゴルノ・カラバフ戦争ではアゼルバイジャンがアルメニアを打ち負かし、ナゴルノ・カラバフを確保しています。終戦の仲介をしたのはロシアのプーチン大統領です。

ところがこのアゼルバイジャンの勝利を西側諸国が非難します。とくにフランスは、アゼルバイジャンを非難する声明をいろいろな形で出してきました。フランスにはアルメニア人の移民が多く、彼らの子孫はフランスの政界やマスコミにも影響力を持っています。そうした人たちが故国を庇うため、フランス政府を動かしアゼルバイジャンを非難させたのです。

フランスは第2次ナゴルノ・カラバフ戦争終結後もアルメニアに兵器を送り、もう一度ナゴルノ・カラバフで戦争を起こすつもりだともいわれています。フランスからの支持を得たアルメニアは、ロシアを離れて西側に寄り添うようになります。以後、西側諸国に取り込まれ、2023年にはアルメニア軍がバイデン時代のアメリカ軍、フランス軍と共同演習まで行っています。

背後にいるのは、やはりディープステートでしょう。アゼルバイジャンやアルメニアの一帯には石油、天然ガス、希少金属があります。とくにアゼルバイジャンのバクー油田、ジャフ・デニズ・ガス田は有名で、コーカサス山脈では金や銀も産出します。

ディープステートはアゼルバイジャンとアルメニアをもう一度戦わせ、一帯を大混乱に陥れたい。混乱に紛れて、ディープステートに連なる企業がアゼルバイジャンの資源を自分のものにしようというわけです。

第2次ナゴルノ・カラバフ戦争は、プーチン大統領の仲介で終結しています。ディープステートはプーチンの仲介による平和が気に入らず、アルメニアの背後で動き、武器まで送って新たな紛争を起こそうとしているのです。

アゼルバイジャンの親ロシア化はディープステートに対するバリア

第2次ナゴルノ・カラバフ戦争後の西側諸国の手口は、欧米諸国がウクライナに対して行った手口にかなり似ています。ウクライナもアゼルバイジャンもアルメニアも旧ソ連に属した時代があり、ソ連崩壊後はロシアの周辺国家としてロシアのお膝元のような存在でした。西側のディープステートはこれらの国々に手を突っ込み、革命や戦争を起こさせ、混乱に乗じて利益を得ようとしてきたのです。

ウクライナでは2004年に、オレンジ革命と呼ばれる民主化運動が起きています。以後ウクライナでは民主化が一気に進み、同時に西側寄りに傾いていきます。このウクライナの民主化、親西側の姿勢はロシアとの対立を深めていきます。

さらに2014年にはマイダン革命と呼ばれる民主化革命が起き、親ロシア派のヴィクトル・ヤヌコーヴィチ大統領がロシアに亡命します。このマイダン革命の裏にいたのも、西側諸国です。そこにはディープステートの動きもあったと思われます。以後ウクライナはNATO加盟を望むようになりました。これはロシアにとって隣りに西側寄りの国を誕生させるのと同じことです。

マイダン革命の進行によってロシアの不安は高まり、ウクライナ敵視を強めます。ヤヌーコヴィチ大統領がロシア亡命した直後、ロシアはロシア人とロシア系の多いクリミア半島に侵攻し、ウクライナからクリミア半島を奪います。

そして2022年にウクライナ戦争が始まります。ウクライナは西側べったりな姿勢を見せたがために、戦場になったのです。

こうした経緯を見たアゼルバイジャンは、西側寄りである危うさに気づいたのです。西側に寄り添っていると自国もまた戦場となり、混乱に追いやられかねない。そこで西側を離れ、ロシア側に回った。ディープステートの思うつぼにならないよう、方向を転換したのです。

いまのアゼルバイジャンは、仇敵だったアルメニアと戦うどころか、経済協力の話し合いもしています。アルメニアと対立するほど、ディープステートを利することになるからです。

アルメニアにはアゼルバイジャンのような石油、天然ガスがありません。そこでアゼルバイジャンが石油や天然ガスをアルメニアに送るといった、経済協力の話し合いが始まっているのです。

アゼルバイジャンとアルメニアの関係改善については、トランプ大統領も協力すると思われます。ディープステートを潰すと公言しているトランプ大統領にとって、両国が戦争をするのは望ましい話ではありません。しかもアゼルバイジャンの石油や天然ガスは、アメリカにとっても魅力的です。西側のディープステートに対するバリアをアゼルバイジャンはうまく張ったといえます。

一方で日本はどうでしょう。日本の場合、中国による台湾併合の狙いもあり、中国と対立しています。その対立を煽っているのが、ディープステートです。ディープステートに煽られ、中国との対立を深めるなら、中国との戦争にもなりかねません。それは日本に武器を売りたいディープステートの思うつぼです。

ロシアに対しても同様です。いまの日本はロシアを完全に敵と見なしていますが、これもまたディープステートに騙されているからです。日本はディープステートの呪縛から離れて、隣国との外交を見直す必要があるように思います。

動き出したプーチン大統領の「国際南北輸送回廊」構想

アゼルバイジャンがロシア側に回ったことは、ロシアのプーチン大統領にとって極めて歓迎すべき事態でした。同じＢＲＩＣＳのインドにとっても希望の持てる話です。プーチン大統領の構想する「国際南北輸送回廊」が実現する見込みが立ったからです。

国際南北輸送回廊とは、ロシア、アゼルバイジャン、イランを通じて石油をインドのムンバイにまで届けるというものです。ロシア、アゼルバイジャン、イランは産油国で、ＯＰＥＣプラスの国々です。

一方でインドは、大量に石油を消費する国です。国際南北輸送回廊をつくり、ロシア、アゼルバイジャン、イランの石油をインドに売れるようになればウィン・ウィンの関係ができ、４カ国はより緊密化します。

ただしこれまでアゼルバイジャンは西側寄りの国であったため、プーチン大統領の構想は実現しませんでした。アゼルバイジャンは、ロシアとイランに挟まれた位置にあります。アゼルバイジャンが西側に寄り添うかぎり、ロシアの石油をアゼルバイジャンを介してインドに送ることができなかったのです。

アゼルバイジャンとロシアの関係はギクシャクしていて、アゼルバイジャンとイランの関係も不安定でした。そのアゼルバイジャンが西側から距離を置き、ロシア寄りとなったことで国際南北輸送回廊構想が、実現に向けて動きはじめたのです。

2024年にプーチン大統領はアゼルバイジャンの首都バクーを訪問し、イルハム・アリエフ大統領と会談しています。ここで国際南北輸送回廊についての話し合いも行われました。今後は急ピッチで進行していくでしょう。

ロシアからインドまでを結ぶ国際南北輸送回廊は、従来のスエズ運河ルートを圧倒する可能性も持っています。石油に限らずヨーロッパからアジア、アジアからヨーロッパへ物資を輸送するとき、地中海、スエズ運河、紅海、アラビア海、インド洋を介して移動するのがスエズ運河ルートです。スエズ運河ルートは船による輸送で、船による輸送は時間がかかります。

一方、国際南北輸送回廊は鉄道及びトラックの輸送です。鉄道やトラックによる輸送スピードは船よりもはるかに速く、小回りもききます。いずれはスエズ運河ルートを上回る可能性を秘めています。

そうなれば西側諸国の影響力はさらに小さくなり、BRICSの勢いが増していきます。ロシア、イラン、インドはすでにBRICS加盟国で、アゼルバイジャンの加盟も近いと思われます。

また第2次ナゴルノ・カラバフ戦争以降、西側から非難されてきたアゼルバイジャンですが、ここへ来て西側諸国における存在感が高まっています。ウクライナ戦争以降、ロシアからの石油や天然ガスを輸入できなくなった西側諸国が、アゼルバイジャンの天然ガスに頼るようになっているからです。

2022年7月にはフォン・デア・ライエンEU委員長がアゼルバイジャンを訪問し、アリエフ大統領にヨーロッパ向けの天然ガスを2倍にするよう要請しています。季節は夏ですが、冬に備えての要請です。

アゼルバイジャンのジャフ・デニズ・ガス田は、世界最大のガス田と噂されるほど巨大な規模です。西側諸国はそこに頼ろうとしているのです。

地政学的地位を高めているアゼルバイジャン

アゼルバイジャンは、じつは地政学的に極めて重要な位置にある国でもあります。まずプーチン大統領が構想する国際南北輸送回廊に欠かせないように、ユーラシア大陸を南北に結ぶ重要な拠点の一つです。

一方でユーラシア大陸の東西を結ぶ回廊上にもあり、ヨーロッパとアジアをつないでいます。つまりユーラシア大陸の東西、南北、両方を結ぶ結節点で、文明と物流の十字路のような位置にあるのです。

さらにアフガニスタンへの物流ルートの拠点にもなっています。アフガタニスタンは一時期ひどく混乱していましたが、いまは治安も以前より安定しています。首都カブールから逃げていた人たちもカブールに戻りはじめ、そのためアフガニスタンでは物資が足らず、輸入物資に頼っています。

ただしEUの協定によってヨーロッパからの輸送機は、直接アフガニスタンやイランに飛べないことになっています。ヨーロッパの物資は、いったんアゼルバイジャンのバクーの空港に集められます。バクー空港でカブール行きの輸送機に詰め替え、カブールまで運んでいるのです。

ここで使われるのが、アゼルバイジャンのシルクウェイウエスト航空です。これらさまざまな事情を生かすべく、いまアゼルバイジャンはユーラシア大陸の物流のハブを目指しています。

アゼルバイジャンは文化的にも興味深い国で、一つはイスラム教の国なのによく酒を飲むことです。一人あたりのアルコール消費量は日本より多いほどです。

イスラム教徒なのに飲酒ＯＫなのは、彼らの聖典『コーラン』の解釈にあります。『コーラン』の教えには「やってはいけないこと」「やらないほうがいいこと」「どっちでもいいこと」「やったほうがいいこと」「やらなければならないこと」の５段階あります。彼らにとって飲酒は「やってはいけないこと」ではなく、「やらないほうがいいこと」になるのです。

おそらく自制心が利く人なら、酒を飲んでもいい。ただし酔っぱらって大暴れするような人は飲まないほうがいい。これが彼らの飲酒に関する解釈だと思います。

飲酒についての解釈は国によってまちまちで、たとえばサウジアラビアでは完全に飲酒を禁じています。酒の製造も輸入も禁止で、完全に酒を遮断しています。一方で隣国のUAEやバーレーンは、原則禁止ですが、ホテルのバーなど定められた場での飲酒は認めているのです。

武器市場でアフリカの国々を引きつけるロシア

話をロシアに戻します。ロシアについては、アフリカの多くの国々からも支持されているのです。彼らがロシアと密接な関係をつくりたがるのは、一つにはロシア製の武器が欲しいからです。アフリカではアメリカ製の武器はほとんど売れず、売れているのはロシア製です。

ロシア製の武器に人気が集中しているのは、シンプルで使いやすく殺傷力も高いうえ、安価だからです。お金のない国でも買いやすいので、アフリカのほとんどの国はロシア製を調達しようとするのです。

アメリカの軍需産業は巨大で、世界各国を相手に商売しています。ただ武器を商売にしているため、どうしても高価になります。他国に売り渡すまでに多くの業者も介在し、これも価格が上がる要因になっています。

また高値で売るため、さまざまな機能も付加されています。そのため使い方が複雑で、習熟に時間を要します。武器によっては、アメリカの軍事顧問から何年も訓練を受ける必要があったります。

ウクライナ戦争でもアメリカ製の武器が供与されていますが、高度すぎてウクライナ兵がうまく武器を扱えないといったことにもなっています。

これは日本製の冷蔵庫が、アフリカで見向きもされないのと同じ構図です。日本製冷蔵庫は自動的に氷がつくれたり、コンピュータ内臓で庫内の食品を管理するといった高度な機能が詰まっていますが、そのために高額です。

アフリカの人たちにそうした機能は不要で、冷蔵庫に求めるのはシンプルで価格が安いことです。その結果、日本製冷蔵庫は敬遠される代物になっています。

たとえばナイジェリアで売れる冷蔵庫は、鍵付きの冷蔵庫一択です。鍵付きが求められるのは、お手伝いさんに冷蔵庫の中の食品を盗まれないためです。ナイジェリアの人たちが求める付加価値はそれぐらいで、あとは食品がきちんと冷えて、せいぜい氷がつくれればいいのです。

そうした需要に応えているのが韓国製の冷蔵庫です。私がナイジェリアを訪れたとき、ショッピングモールの家電売り場で売られている冷蔵庫は、ほぼすべてLGエレクトロニクスなど韓国製でした。すべて鍵付きのシンプルな冷蔵庫です。日本製の冷蔵庫は売れず、売場に日本製冷蔵庫はまったく置かれていませんでした。

武器需要も同じです。そしてこれは儲けるために高スペックで高価格の武器をつくるアメリカと、純粋に軍事目的で武器をつくるロシアとの違いともいえるでしょう。

ロシアの軍事的サポートを受けるアフリカの国々

アフリカの国々がロシアに求めているのは、安価で使い勝手のいいロシア製武器だけではありません。軍事のソフト面やシステム面でも、ロシアのサポートを求めています。ロシアから軍人がアフリカの国々に派遣され、各国の軍の指導や訓練に当たっています。

ロシアの民間軍事会社ワグネルも、そうした活動を展開しています。ひと頃ワグネルは、アフリカの国々のほとんどに拠点があるといわれたほどです。

アフリカの国々がロシアの軍事面でのサポートを求めるのは、各国が内政に不安を抱えているからです。アフリカには内乱や内戦が起こりそうな、政治的に不安定な国々が多くあります。そのため自国の軍隊をしっかりさせる必要があり、ロシアの軍人による指導や訓練を求めているのです。

アフリカの国々の政府からすれば、ロシア製の武器やロシアによる軍事サポートを失えば存立の危機を迎えかねません。ロシアの力があってはじめて国を維持できるのだから、ロシアへの経済制裁などできるはずないのです。

すでにロシアはアフリカの国々にとって、なくてはならない存在になっています。BRICSが拡大していくなら、アフリカの国々もまたBRICSに加盟し、ロシアを中心に結束していくことになるでしょう。

アフリカを搾取するのはロシアでなく西側諸国

アフリカの国々がロシア中心にまとまるのは、けっして悪い話ではありません。そこには搾取や押しつけの関係がないからです。プーチン大統領はアフリカの国々に、自らのルールを押しつけたりしません。収奪・搾取もしません。これもアフリカの国々がロシアにつく理由です。

逆に自分たちのルールを押しつけ、搾取してきたのが西側諸国です。イタリアのジョルジャ・メローニ首相もこのことを指摘し、強く非難しています。メローニ首相にいわせれば、フランスがアフリカから搾取する構造がなくならない限り、アフリカは自分たちの足で立つことができません。

典型がフランスが西アフリカのいくつかの国で持っている、現地通貨発行権です。これをCFAフラン（セーファーフラン）といい、CFAフランを使う国は外貨準備高の半分をフランスの国庫に保管するルールになっています。フランスはCFAフランによって、西アフリカ諸国を経済的に支配してきたのです。

また西アフリカには金鉱山を持つ国があり、金の採掘を行っています。採掘する労働者に払われる日当は、わずか20〜30円です。現場にはつねに事故の危険があり、鉱山から出る毒を吸って死ぬこともあります。そこでは子どもたちまで働いています。

こうした環境で働かせ、採掘した金を売って儲けているのはフランスです。このような西側諸国による搾取の構造が続く限り、アフリカの人たちは自分の足で立つことができない。先進国はアフリカの人たちが自分たちで立てるやり方を教えるべきだと、メローニ首相は訴えているのです。

以下、ユーチューブにアップされているメローニ首相の発言をご紹介します。

これはＣＦＡフランと呼ばれるものです。フランスがアフリカ14カ国のために印刷している植民地通貨です。通貨発行益を適用し、それによってこれらの国の資源を搾取しているのです。

これはブルキナファソの金鉱で働く子どもです。ブルキナファソは世界で最も貧しい国の一つです。フランスは金を持っているブルキナファソのために植民地通貨を印刷します。その見返りとして、彼らはブルキナファソの輸出品の50パーセントを最終的にフランス国庫に納めることを要求しています。

この子がトンネルをくぐって採掘する金です。ほとんどがフランス国家の財源になります。解決策は、アフリカ人を連れてヨーロッパに持ち込むことではありません。解決策はアフリカを搾取するヨーロッパ人からアフリカを解放することです。そして、この人たちが、いまあるもので生活できるようにすることです。

以上のような話をメローニ首相は怒りに満ちた表情で、お札や金鉱の写真などを見せながら激しく訴えていました。聞いていた聴衆は拍手喝采で、私も心から感動を覚えました。

さらにメローニ首相は、アフリカからの移民の受け入れ方も非難しています。ヨーロッパ諸国はアフリカ移民を安い労働力として、奴隷同然にこき使っています。これを率先して行っているのもフランスで、フランスで採用している移民制度は即刻やめるべきだと述べています。

安いアフリカ人の労働力はイタリア人のためにもよくないというのが、メローニ首相の主張です。アフリカ人に仕事を奪われるのに加え、治安の悪化もあります。メローニ首相が唱えるのは自国中心主義で、イタリアは移民を受け入れないと語っています。

これに反論したのが、フランスのエマニュエル・マクロン大統領です。マクロン大統領はメローニ首相の主張は非人道的であり、困窮した人を助けることは重要であると非難しています。このマクロン大統領の発言にメローニ首相もまた反論し、先のような主張を繰り返しています。

プーチン大統領が求めるシリアの不凍港

　2024年12月にシリアのアサド政権が崩壊しました。そのアサド政権を支援していたのがプーチン大統領のロシアです。首都ダマスカスを放棄したアサド大統領がロシアに亡命したことからも、このことがよくわかります。

　ロシアがアサド政権を支援しつづけていたのは、シリアに軍港を持つためです。シリアに軍港があれば、ロシア艦隊はいつでも地中海方面に進出できるからです。

　ロシアはバルト海や黒海にも軍港を持っていますが、バルト海の軍港は冬になると海が凍結して使い物になりません。また黒海の軍港は拠点がクリミア半島にあり、クリミア半島は長くウクライナの領土だったため、使い勝手が悪いという問題があります。

　しかも地中海に出るにはボスポラス海峡、チャナッカレ（ダーダネルス）海峡を通らなければならないという問題もあります。この2つの海峡が封鎖されれば、黒海の艦隊は地中海に出られなくなります。

　これに対してシリアの軍港は不凍港であるうえ、海峡を通らず地中海に出られます。ロシアは不凍港欲しさもあって、アサド政権への支援を続けてきたのです。

アサド政権の崩壊により、ロシアの不凍港構想はいったん挫折した格好ですが、将来はどうなるかわかりません。そもそもアサド政権崩壊後のシリアは、先行きがまったく不透明です。時間をかけながらも将来的に親ロシア政権が誕生すれば、ロシアの不凍港構想は復活します。

すでに述べたように、シリアのようなさまざまな民族、宗教、宗派の人たちが共存する国は、強い力を持ったリーダーでなければ安定させることができません。強い力を持ったリーダーはたいてい愛国者で、同じ愛国者であるプーチン大統領と共鳴する可能性は高いです。

今後のシリアの不安定要因として、イスラエルの存在があります。2章で述べたように第6次ネタニヤフ政権にはグレーター・イスラエル構想があり、イスラエルの領土を拡大しようとしています。アサド政権崩壊後のシリアの混乱に乗じて、シリアにも入植を始めかねません。さらにはシリアから石油も奪おうとするでしょう。

アサド政権の崩壊はロシアやイランがイスラエルとの正面からの対峙を避けたからでもありますが、シリアでイスラエルの存在が大きくなれば、ロシアも黙っていないはずです。

第4章

NATO、G7はトランプ大統領によって崩壊する

トランプ大統領はNATOを解体させる

第2次トランプ政権が中東の国々やロシアへの接近を強める一方、逆に距離を置くようになる対象が西側諸国です。ある意味、第2次トランプ政権の影響を最も受けるのが西側諸国で、凋落に拍車がかかることになります。

これまでアメリカはNATOのリーダーであり、G7のボスでした。これはアメリカがNATOやG7に価値を感じていたからですが、トランプ大統領はどちらにも価値を見出していません。それどころか嫌っており、アメリカはNATO、G7から離れていくでしょう。

4章ではトランプ大統領の再登場により、西側諸国が今後どのような道を辿るのか。ヨーロッパが生き延びる道はあるのか。そのような観点で見ていきたいと思います。

トランプ大統領に見捨てられた西側諸国は、これまでのような振る舞いをできなくなります。まずNATOについて見ていくと、トランプ大統領はかねてNATOを痛烈に批判しています。

これまでアメリカはＮＡＴＯに多額の予算を使い、ＮＡＴＯの加盟国にアメリカ兵を駐留させてもきました。駐留軍の経費は莫大で、いざ戦争となればアメリカ兵が犠牲になります。

アメリカの軍事力あってこそのＮＡＴＯで、これはアメリカがＮＡＴＯ各国にたかられているのも同じです。アメリカ人の税金と兵士の犠牲でＮＡＴＯを守っているようなもので、トランプ大統領にすればバカバカしい話です。

トランプ大統領の持論は「自分の足で立て」です。そんなトランプ大統領から見ればＮＡＴＯ各国はアメリカに依存するばかりで、自分の足で立とうとしていません。そんな自分の足で立とうとしないＮＡＴＯは、トランプ大統領にとって到底認められるべき存在ではありません。

しかもＮＡＴＯは、つねに平和の名において戦争をしたがっています。ＮＡＴＯこそが戦争の火種で、ウクライナ戦争がその典型です。

ウクライナ戦争の原因は、ウクライナがＮＡＴＯへの加盟を望み、ＮＡＴＯ側もウクライナを加盟させようとしたことです。ＮＡＴＯがなければ、ウクライナ戦争は起きようがありませんでした。

そもそも冷戦時代、NATO、つまり北大西洋条約機構はソ連を封じ込めるための軍事同盟でした。加えてもう1つ意味があり、NATOの一員である西ドイツ、東西統一後はドイツの暴走を予防し、封じ込めるための軍事同盟でもありました。

3章で述べたように、トランプ大統領はロシアのプーチン大統領とタッグを組むでしょう。そうなればアメリカにとって、ロシアを封じ込める理由はありません。アメリカとロシアが同盟国然となれば、ロシアと対立するNATOは邪魔者でしかありません。

現在のNATOはトランプ大統領のアメリカにとって、何の利もない同盟です。さっさとNATOを離脱するか、NATOを解体させるかのどちらかになるはずです。

NATOのロジックは崩壊している

NATOを形成するヨーロッパに懐疑的なのは、トランプ大統領だけではありません。トルコのエルドアン大統領も、ヨーロッパに批判的になっています。

トルコはNATOの加盟国です。トルコは軍事力の大きさという点で、NATOでアメリカに次ぐ2番目の存在です。にも関わらずトルコはEUに加盟させてもらえず、これが長く不満でした。

そんな経緯もあってトルコはＮＡＴＯの加盟国でありながら、ＢＲＩＣＳ加盟に動いています。ＮＡＴＯとＢＲＩＣＳ双方にいい顔をしておけば、世界がどう動いても生き延びられるという計算からでしょう。場合によってはＮＡＴＯを離脱する選択肢も、トルコは持つようになるわけです。

ＢＲＩＣＳにはロシアやイランという軍事強国がいます。軍事同盟としてＮＡＴＯとＢＲＩＣＳを比べるなら、ＢＲＩＣＳを選ぶ可能性は大いにあります。

さらにいえば、トルコはＮＡＴＯが本当に自国を守ってくれる軍事同盟なのか、懐疑的でもあります。かりにイスラエルがトルコを攻撃してきたとき、ＮＡＴＯが本当に機能するのか。

すでにトルコのエルドアン大統領は、イスラエルがトルコを攻撃してくる可能性を発表しています。シリアに攻勢をかけているイスラエルがシリアを片づけたとき、その先に見えてくるのがシリアに接するトルコです。

すでに述べたようにイスラエルには、グレーター・イスラエル構想があります。イスラエルが領土を拡大する方向に動くなら、トルコを攻めることも十分考えられます。

ＮＡＴＯは集団的自衛権で成り立っている軍事同盟です。ある加盟国が他国の攻撃を受けたら、ＮＡＴＯ加盟国は結束して、攻撃してきた国に反撃する義務があります。イスラエルがＮＡＴＯの一員であるトルコを攻撃してきたら、本来ＮＡＴＯ加盟国はすぐさまイスラエルに攻撃を仕掛けねばなりません。

ところが現実はどうでしょう。本当にアメリカがイスラエルを攻撃し、殲滅してくれるのか。イギリスがイスラエルへの全面攻勢に出てくれるのか。おそらくアメリカもイギリスも、イスラエルには攻撃しないでしょう。

そうなればトルコはＮＡＴＯ加盟国であるにも関わらず、ＮＡＴＯに見捨てられるのです。これはＮＡＴＯの集団的自衛権を反故にするのと同じで、この時点でＮＡＴＯのロジックは崩壊します。

トランプ大統領ならイスラエルに戦争をやめるよう働きかけるでしょうが、それはＮＡＴＯ加盟国としての立場からではありません。ムダな戦争をしたくないからです。そう考えればトルコにとってＮＡＴＯには入る値打ちがありません。この一点からもＮＡＴＯの存在価値に大きく疑問符がつくわけです。

G7を解体させるトランプ大統領

ＮＡＴＯとともにトランプ大統領によって解体を迫られるのが、Ｇ７です。トランプ大統領からすればＧ７は、何も決められない国々の集まりです。Ｇ７の集まるサミットでは毎回共同声明を出しますが、いずれもほとんど意味のない薄い内容です。

しかもＧ７の国々は、中心国であるアメリカに依存しています。そこはＮＡＴＯと同じ構図で、Ｇ７の国々はいわばアメリカの家来のような存在です。アメリカの言うことを聞いていれば問題なく、バイデン大統領の時代ならバイデン大統領のいうとおりにしていれば何とかなりました。

ところがトランプ大統領は違います。すでに述べたようにトランプ大統領の持論は「自分の足で立て」です。トランプ大統領から見てＧ７諸国は、彼の嫌う「自分の足で立てない」国ばかりです。そんなＧ７の面倒をみる気はいっさいなく、さっさとＧ７を離脱するでしょう。

じつのところＧ７各国を操っているのは、アメリカというより「ダボス会議」です。ダボス会議はスイスのジュネーブで開催される世界経済フォーラムの通称ですが、そこにはグローバリスト、つまりディープステートが集まります。ここで決まったことがG7各国に降ろされ、各国はこれを実行してきました。

ダボス会議で毎回行われる議題の1つが、地球環境問題です。そこで出てくる定番の議論がCO2排出量の削減ですが、ダボス会議に集まってくるグローバリストたちは、プライベートジェット機で、大量のCO2を排出しながらやって来ます。

これだけでもダボス会議には大きな矛盾がありますが、誰もそんな指摘はしません。そんなダボス会議で決まったことを忠実に実行しようとするG7各国に、主権などあったものではありません。ディープステートに操られているという点からも、トランプ大統領はG7を見捨てるでしょう。

そもそもトランプ大統領は最強のパートナーとして、プーチン大統領を見出しています。G7にはプーチン大統領を切り捨て、対立してきた経緯があります。トランプ大統領はプーチン大統領を否定するG7を敵視さえするでしょう。

トランプ大統領に切り捨てられたG7は、飼い主を失った犬のようなものです。バイデン大統領という飼い主がいた時代は、なんとか生きられましたが、トランプ大統領は飼い主にはなりません。飼い主を失ったG7は朽ちていくしかないのです。

トランプ大統領と西側各国はどうつきあうのか

ただしこれらは、NATOやG7という集団で見た場合です。西側各国を個別で見ていくなら、話はまた違ってきます。トランプ大統領との距離は、国によってそれぞれ異なってくることになります。

現時点で最も厳しい立場にいるのが、日本とドイツです。第2次世界大戦の敗戦国である日本とドイツはアメリカに逆らえず、アメリカの奴隷のような状態を続けてきました。いずれもアメリカにいわれるまま、お金を出してきました。

一方イギリス、フランス、イタリアは違います。この3カ国では右派勢力が強まっていて、トランプ大統領と同じような考え方が生まれています。いずれトランプ大統領と対等に話せる国になる可能性があります。

とくにフランス人はプライドが高いので、アメリカにお金を奪われた挙げ句、こき使われることなど許せません。フランスがトランプ大統領の言いなりになることはないでしょう。

イギリスもまた、のらりくらりしながらも、わが道をゆこうとする国です。交渉においてアメリカより一段上手なところもあるので、アメリカと協力できるところは協力するでしょう。ただしイギリスには突然手のひらを返す傾向があり、そこは予測不可能です。

トランプ大統領と最も話が合いそうなのが、先に紹介したメローニ首相のイタリアです。メローニ首相はトランプ首相のモットー「自分の足で立つ」ことの重要性をよく知っている政治家です。

メローニ首相のイタリアは、ウクライナ戦争におけるG７の姿勢に初めて叛旗を翻した国でもあります。ウクライナ戦争勃発以来、アメリカのバイデン大統領に引きずられて、G７はロシアを敵視してきました。

バイデン大統領の裏にいるディープステートにとって、ウクライナ戦争はいい儲けになっていました。メローニ首相はその点に気付いたのか、ロシアとの距離を少し縮めてきています。

さらにはウクライナへの支援疲れも加わっています。ウクライナ戦争が始まった当初、ヨーロッパ諸国は「ウクライナを助けなければ！」という空気で覆われていました。とはいえウクライナのゼレンスキー大統領の要求があまりに膨大で、各国の国民生活は厳しくなっていきました。

国民の税金から調達して、お金をどんどんウクライナに配りつづけたのでは、国と国民が疲弊するばかりです。そこから「ウクライナ戦争をやめさせなければ」という声がしだいに強まっています。

けれどもG7にはウクライナ戦争を停戦させる気がなく、なおもウクライナに戦争をさせようとしています。そうした中、G7と足並みを揃えつつ、ロシアとの関係も担保しておいたほうがいいと考えたのが、メローニ首相です。

もちろんいきなりG7を抜けて、ロシアにつくわけにはいかないので、そこは少しずつです。このG7べったりから抜け出したイタリアのありようが、トランプ大統領がヨーロッパ各国に求める姿ではないでしょうか。

イタリアの戦略転換に、ロシアのプーチン大統領も気づいています。そして「将来の味方」とも思っています。ある国際会議の場でイタリアの記者が、プーチン大統領に次のような質問をしています。

「現在イタリアは、他のG7諸国とともにロシアに経済制裁を科し、ロシアを敵視しています。ただウクライナ戦争が終わり、そのときわれわれの国の考え方が変わっていたなら、ロシアはイタリアと協力するつもりはありますか」。

プーチン大統領の答えは「もちろんある」というものでした。イタリアはウクライナへの支援が少ないから、戦後はイタリアと協力する用意があるというのです。

移民問題で崩壊寸前のヨーロッパ

G7と一線を画し始めたイタリアは、移民政策でもEU内で路線転換を始めています。3章でも述べたようにメローニ首相は自国第一主義で「イタリアに移民は要らない」と言っています。

EUはこれまで人道支援や人権保護の観点からアフリカ移民を受け入れ、「彼らを助けなければならない」というメッセージを発してきました。ただしこれは表向きのメッセージにすぎません。

実際は奴隷のように安くこき使うために移民を求め、結果的にアフリカの自立を妨げてきました。移民の受け入れは、ヨーロッパ各国の治安悪化にもつながっています。その悪化ぶりは移民によってヨーロッパは崩壊するのではないかと思うほどです。

そこにはシェンゲン協定が、移民の好きなように利用されていることがあります。EU内での移動の自由を取り決めたシェンゲン協定では、加盟国ならパスポートなしで自由に国境を移動できるとしています。そこには移民も含まれ、シェンゲン協定の加盟国間なら移民も自由に国境を越えられます。

ヨーロッパには、不法移民が次から次へと流入しています。その不法移民たちがシェンゲン協定をいいことに、加盟国内で移動を重ねているのです。そこから何が起きているのか、私は2024年8月にアイスランドを旅行したときに一端を垣間見ました。

アイスランドはEU非加盟国で、通貨もユーロではなく、アイスランドクローナという自国通貨を使っています。EUとは一線を引いていますが、シェンゲン協定には加盟しています。

そのアイスランドでコンビニエンスストアに買い物に行くと、レジ打ちしているのがアフリカ人でした。どこから来たのか尋ねると、「ソマリア」とのことでした。アフリカ東部のソマリアから、はるか北のアイスランドまで来ていることに驚きました。

さすがにアイスランドで移民による深刻な犯罪はまだ起きていませんが、脱税の問題はすでに起きています。アイスランドの人たちによると、コンビニで働いているソマリア人は1年ほど働いたら、アイスランドを出て別の国で働くそうです。そうすれば税金を納めずにすむからです。

ふつうその国で1年間働いたら、確定申告して税金を納めます。ただし抜け道があり、1年間働いたら次の年は別の国に移動して働くのです。アイスランドで働いていたソマリア人が翌年イギリスやフランスに移動したとして、アイスランドの税務署が税金を取り立てるために追ってくることはありません。

要は税金の踏み倒しです。ごく少数の移民がするうちはまだしも、多くの移民が税金を踏み倒すようになれば、その国の税収にも多大な影響を及ぼします。

話を聞いたアイスランド人は、「アイスランド人は増税で大変なのに、移民は税金を逃れている！」と憤っていました。

似たような話をどこかで聞いたと思ったら、日本でした。日本では日本人からしっかり税金を取りたてる一方、外国人雇用のために補助金を出したりしています。いずれにせよ移民の税金逃れが増えるほど、その国の経済が破綻に近づくことは確かです。

高福祉国家・北欧でも移民の犯罪が増えている

ヨーロッパの移民問題は北欧の国々にまで押し寄せています。日本人の抱く北欧の国々のイメージは高福祉国家でしょう。税金は高いけれど社会保障が充実し、幸福度指数も高く、みなが幸せで安全に暮らせる国といった具合です。

けれども、それは昔の話です。いまの北欧はまったく違い、移民によって北欧諸国の安全は崩壊しています。

先のアイスランド旅行ののち、私はフィンランドのヘルシンキ空港を経由して日本に帰ろうとしました。ヘルシンキ空港で乗り継ぎ待ちをしている時間に、ある日本の大手メーカーの支店長から声をかけられました。

彼は私が動画配信している「越境3・0」の視聴者で、「カズさんですか」と言われたので、待ち時間中にいろいろと雑談しました。

フィンランドの話もあれこれ出たので「今度時間をとってフィンランドに遊びに行こうかな」と言うと、「いやいやカズさん、絶対に来ないほうがいい」と止められました。へルシンキの治安は大変悪化していて、今朝家を出るときも銃声を聞いたそうです。「フィンランドには当分来ないでください」と釘を刺されました。

すでにフィンランドの隣国スウェーデンでは、人口あたりのレイプ発生率が世界一になっています。また銃犯罪の発生率においても欧州第1位という不名誉な地位を獲得しています。

不法移民たちが定着した結果で、彼らは組織犯罪にも手を染めています。そのスウェーデンに追いつき、追い越せとならんばかりに治安を悪化させているのが、フィンランドなのです。

フィンランドにはかつてスウェーデンに支配され、スウェーデンから枝分かれして成立した歴史的経緯があります。スウェーデンとフィンランドは兄弟のような間柄で、弟分のフィンランドは兄貴分のスウェーデンのやることに追随する傾向があります。

移民受け入れ政策でもスウェーデンが先行し、フィランドが後追いしました。不法移民によって先に治安が悪化したのがスウェーデンで、フィンランドもまた悪化を止められずにいるのです。

スウェーデンもフィンランドも、移民受け入れ政策の失敗に気づき、移民受け入れに制限をかけだしています。それでも移民によって深刻に悪化した治安が、回復するかどうかは難しいところがあるでしょう。

ディープステートを妄信して経済破綻したドイツ

ヨーロッパを蝕んでいるのは移民問題だけでなく、環境問題もあります。ヨーロッパでは環境問題が叫ばれるほど産業が衰退し、経済が悪化しています。

典型がドイツです。ドイツは環境問題の先端を走っていた国で、エネルギー政策も原子力発電を廃止し、自然エネルギーの利用を促進してきました。

そこに起きたのがウクライナ戦争です。ウクライナ戦争勃発後、ドイツにはロシアからの安価な天然ガスが入らなくなりました。ドイツが自然エネルギーに舵を切ろうとしたのは、石油より環境負荷が低い天然ガスをロシアから安価で輸入できたからです。

ドイツは安い天然ガスを使って高品質な製品をつくることで、世界的競争力を誇ってきました。その安価な天然ガスが入らなくなったためドイツの競争力は失われ、ドイツ経済は半ば崩壊の危機にあります。

いまさら原子力発電にも戻れず、石油より環境負荷の高い石炭で火力発電を行い、何とか凌いでいるのが現状です。脱炭素の最先端を走っていた国が、背に腹は代えられないと環境政策を放棄しているのです。

脱炭素はディープステートが進めてきたビジネスモデルです。ディープステートを妄信するドイツ政府は、そのビジネスモデルを忠実に進めましたが、ロシアから安価なエネルギーが入らなくなっただけで、通用しないようなビジネスモデルだったのです。

そんなドイツでも、ディープステートの呪縛から逃れるための政策の見直しが始まる気配があります。右派政党ＡｆＤ（ドイツのための選択肢）の台頭で、「自国第一主義」の気運もあります。ドイツも変革できれば、トランプ大統領と対等にやりあえるようになるかもしれません。

ＳＮＳが西側諸国の意識を変えはじめた

Ｇ７が意味を持たず、西側諸国の経済が低迷しているのは、そこに住む人たちが自分の頭で考えようとしないからです。何度も指摘するようにＧ７をはじめ西側諸国の政府には、ディープステートの影があります。西側のマスコミもディープステートの意向をそのまま報道しています。

アメリカのFOXテレビの元司会者タッカー・カールソン氏に言わせれば、西側諸国の人間はすべて、西側マスコミの嘘に騙されているのです。その典型が過度な環境政策に走ったドイツともいえます。

ただしここへ来て西側諸国の人たちも少しずつ政府やマスコミの嘘に気づき、自分の頭で考えるようになっています。この5年間でパンデミックを経験し、ウクライナ戦争やイスラエル・ハマス戦争も見てきました。不自由な生活を強いられ、インフレや増税で生活も苦しくなる。「何かがおかしい」と思いはじめたのです。

ここで大きな役割を果たしたのがSNSです。2024年のアメリカ大統領選で、トランプ氏の勝利に大きく貢献したのもSNSでした。トランプ氏自らがSNSで発信し、テスラの創業者イーロン・マスク氏もトランプ陣営に回り、SNSでメッセージを発信しました。SNSによりアメリカの人たちは真実を知るようになったのです。

これまで主要マスコミは、都合の悪い真実を報道してきませんでした。一方SNSは、マスコミが伏せてきた真実も発します。そうした情報に触れた人たちの意識を大きく変えたのです。

　ＳＮＳによって意識を変えた先駆けともいえるのがアラブ諸国です。２０１０年から２０１２年にかけて、アラブ諸国で「アラブの春」といわれる民主化運動が起こり、政権交代や内戦が起きました。アラブの春は、アラブ各国の人たちがＳＮＳで真実を知り、決起したところから始まります。

　ただ、アラブの春そのものは、ディープステートによって仕組まれたアラブ諸国に対する分断工作です。当時アメリカはオバマ政権で、ディープステートは暗躍しやすい状況にありました。

　アラブの春を火種にして中東で戦乱が起これば、ディープステートたちは多くの武器を売って儲けられます。実際シリアで内戦が始まり、イエメンでも内戦が起こりました。シリア内戦、イエメン内戦が長引いたのも、長引くほどディープステートは利益を得られたからです。

　ただオバマ大統領やディープステートの思惑とは違ったところで、アラブの春は盛り上がりを見せました。アラブの春は、「フェイスブック革命」とも呼ばれています。アラブ諸国の人びとはフェイスブックやツイッターなどによって真実を発信したり、メッセージを書き込んだりしました。

彼らはフェイスブックやツイッターを通じて共感し、同じ考えを持った人たちが秘密の会議を持ったり、反政府デモや反政府集会を行いました。SNSを通じた反政府運動によって、アルジェリアやエジプト、リビアなどでは政権が打ち倒されています。

エジプトでは、SNSを通じて「ホスニー・ムバラク政権を倒さねばならない」と思った人たちが首都カイロの中心にあるタハリール広場に集まりました。タハリール広場でのデモが続いた結果、ムバラク政権は退陣を余儀なくされたのです。

そしてその後、アラブの春を動かしたSNSが、西側諸国でも政治のために活用されだしたのです。西側諸国ではユーチューブやX（旧ツイッター）などから内部告発や暴露など、さまざまなメッセージが発信されています。

それを見て真実を知った人たちが、その真実を周囲にも広げて社会を変えようとしています。やがては国民運動にもつながっていくでしょう。いまはその入り口に立ったところです。

日本ではSNSが盛んといっても、新聞やテレビしか見ない人も大勢います。そう考えると、日本が変わる日はまだ遠いかもしれません。

アイスランドで起きた「鍋とフライパン革命」とは

西側社会を変えつつあるＳＮＳは、横に大きく広がりました。ある意味、社会を変える横軸といえます。では縦軸は何かといえば、書籍です。この縦軸と横軸によって真実は掘り下げられ、広まっていきます。

ＳＮＳという横軸は、書籍よりも「広がる」という点で数十倍の力があります。ただしＳＮＳだけでは、何となく異変に気付くだけで終わりがちです。疑問を感じた人が書籍を読んで事実を深掘りし、自分の頭で考えることで社会を変える力になるのです。

書籍を読み、モノを考える大切さは、アイスランドで起きた「鍋とフライパン革命」が物語っています。鍋とフライパン革命は、アイスランドが２００８年のリーマン・ショックに直面したときに起きたものですが、まず知っておきたいのがアイスランド人の読書量です。

じつはアイスランドの１人あたりの読書量は、世界一です。世界で最も本を読む人たちが行動を起こし、社会を変えたのです。

リーマン・ショックは、２００９年にはアイスランドにも波及し、「アイスランド・ショック」と呼ばれる危機的状況が生まれました。国民が持っていた多くの株や債券は紙屑同然になり、多くの人が職を失い、未来の見えない状況になったのです。

アイスランド経済が危機的状況に陥った背景に、金融立国を目指していたことがあります。当時アイスランドの銀行は、高金利でヨーロッパ全土から資金を集めていました。その資金で大きな運用利回りを出そうと、株や債券だけでなくハイリスク・ハイリターンのサブプライムローンにも投資していたのです。

そのサブプライムローンが破綻したことで、アイスランドのメガバンクが深刻なダメージを被ったのです。

当時のアイスランドには、カウプシング銀行、グリトニル銀行、ランズバンキ銀行という3つのメガバンクがありました。これら3行の預金額はアイスランドのＧＤＰの数倍にも上ったことから、大変な金融危機に見舞われたのです。独自の通貨アイスランドクローナも大暴落しました。

この危機にあってアイスランド議会は、３大メガバンクをはじめすべての銀行の国有化を決定しました。さらにはＩＭＦ（国際通貨基金）の支援を仰ごうと、３大メガバンクに公的資金を注入して救済するという案も出されました。

ここで「待った」をかけたのがアイスランドの国民です。メガバンクに注入する公的資金の原資は国民の税金です。これに納得できなかったアイスランドの国民は、アイスランド・ショックの責任は誰にあるかを追及することにしたのです。

これまでメガバンク3行は、一部の政治家やIMFなどと癒着し、サブプライムローンに投資してきました。彼らが我々の資産を奪ったのではないかと、アイスランドの国民たちは検証を始めます。

すでに述べたように、アイスランド人の読書量は世界一です。世界一本を読む人たちが本を読んで勉強し、真相を探ろうと各地で小さな勉強会を開きました。それぞれが勉強してきたことを語り合う中で、アイスランド・ショックの責任者が誰なのかが、わかってきました。

この勉強会によってアイスランド人は結束し、これが「鍋とフライパン革命」に進展していくのです。

鍋とフライパイン革命では、怒ったアイスランド人が鍋とフライパンを両手に持って国会議事堂を取り囲みました。鍋とフライパンをカンカンと打ち鳴らしながら、内閣総辞職と首相の辞任を要求したのです。

鍋とフライパンを打ち鳴らすだけなので、暴力を伴わない運動です。このとき集まった人は約３０００人とされます。当時のアイスランドの人口は30万程度ですから、１パーセント近くの国民が抗議運動を行ったことになります。

この鍋とフライパン革命によって、内閣は総辞職、首相は辞任します。さらに国民投票が行われ、公的資金による銀行救済の中止、ＩＭＦの緊急財政案否決、前首相や大手銀行トップら３００名の逮捕が決まったのです。

この鍋とフライパン革命は、日本ではほとんど報じられていません。日本の政治家やマスコミには都合の悪い事件だからでしょうが、ポルトガル人の映画監督ミゲル・マルケス氏が『アイスランド　無血の市民革命　通称：鍋とフライパン革命』の名で映画化し、ネット配信もされています。

本を読むことの重要性

鍋とフライパン革命の凄さは、アイスランド人がよく本を読み、モノを考えたところにあります。アイスランド人は本を読むことで深い知識を得て、多様な見方も身につけていったのです。

国会議事堂前で鍋とフライパンを打ち鳴らす戦略も、勉強会で考えだしたものでしょう。勉強会では誰に責任があり、どう処分すべきかも話し合いました。さらにはどういう政策でアイスランドを建て直すかまで提案していったのです。

書籍の長所は、SNSよりも情報の信憑性が高いところです。私自身、本を出す際に気をつけているのは間違った情報を出さないことです。

SNSはスピードも大事で、ときに信憑性以上に早さを優先することもあります。そこでは情報が間違っていたら、すぐに修正可能ということもあります。

一方、書籍はひとたび書店に並ぶと、もう修正がききません。だから書籍を出版する際は原稿を何度も読み返し、間違った情報がないか、慎重にチェックします。さらには編集者や校正者、校閲者などによるチェックもあります。書籍のほうが信憑性が高いことは間違いありません。

すでに述べたようにSNSは横軸、書籍は縦軸です。両者を活用することで、より深く広く真実を知り、社会を変えていく力になります。アイスランドの場合、書籍だけで社会を変えていったのです。

アイスランドの長所は、健全なナショナリズムがあるところです。家族や友だちを愛し、自国を愛する一方、特定の国や組織にべったりするのを嫌がります。だからEUに加盟せず、ユーロも使っていません。軍隊を持たないので、安全保障上NATOには加盟していますが、ヨーロッパとは適度に距離を置いています。

自分たちのことは自分たちで解決する姿勢は、トランプ大統領と通じます。西側諸国でもアイスランドのような国なら、トランプ大統領ともうまくつきあえるはずです。

第5章

ディープステート国家・中国を封じ込めるトランプ大統領

第2次政権でも中国はトランプ大統領の敵

ここまで述べてきたように、第2次トランプ政権の発足により、これまでアメリカと敵対関係だったロシアとは良好な関係に、味方あるいは〝子分〟だったNATO、G7とは遠ざかる関係になります。

では第1次政権から敵対視してきた中国はどうかというと、第2次政権になってもトランプ大統領の態度は変わらないと思います。

理由は、中国が一種の〝ディープステート〟だからです。中国が掲げる共産主義思想、習近平主席が重視する毛沢東思想は、全体主義思想にほかなりません。ディープステートもまた、異論を許さない全体主義思想と考えれば、中国もやはりトランプ大統領の敵となります。

とはいえトランプ大統領は、アメリカ国内のディープステートと本気で戦うつもりであっても、中国と戦争まではしたくありません。習近平主席も戦争はしたくないでしょう。

両者とも戦争をしたくないとなれば、トランプ大統領の対中国政策は、経済封鎖による中国封じ込めがメインになるでしょう。就任前から「中国製品に高い関税をかける」と公言していたのも、中国に対する経済封鎖の一環です。

さらに中国からの移民に制限をかける可能性もあります。現在アメリカへの渡航は、日本人は簡単に行けますが、中国人はビザの申請が必要です。このビザ申請のハードルを高くする可能性があります。

バイデン政権時代のアメリカは、流入してくる人を無制限に受け入れていました。トランプ政権はこれを減らそうとしていて、とくに中国に対して厳しくするかもしれません。

アメリカでは中国からの不法移民が増えています。彼らは直接アメリカに来るのではなく、いくつかの国を経て、最終的にメキシコ国境を越えて入って来るのです。この中国系不法移民の流れを絶ってくるのではないでしょうか。

また中国はテクノロジーを進化させ、ファーウェイやシャオミーなどのテクノロジー企業が台頭しています。これがアメリカの脅威にもなっているので、テクノロジー分野でも中国を締めつけていくと思われます。

プーチン大統領のロシアは中国封じ込めのパートナー

トランプ大統領が中国を封じ込めする際、パートナーになるのがロシアとインドです。ロシアやインドとともに中国包囲網を形成し、経済的に中国を弱めていく。なかでもロシアと強いタッグを組み、包囲していくはずです。

ロシアにとって中国包囲網は、大きなメリットがあります。プーチン大統領はＢＲＩＣＳにおいて、中国を押さえて主導権を握りたいからです。中国は巨大な経済力を背景に、ＢＲＩＣＳで指導的な立場になろうとしています。これを阻止しようというわけです。

このところ中国経済は低迷していますが、それでも巨大市場であることは確かで、ロシアの数倍のＧＤＰを誇ります。中国経済が復活し、アメリカのＧＤＰに迫る勢いになれば、誰も中国をコントロールできなくなります。そうならないよう中国包囲網によって、中国を押さえつけておきたいのです。とくにＢＲＩＣＳ内で、ロシアのほうが上にあると示しておきたいのです。

３章で述べたプーチン大統領が提唱する国際南北輸送回廊も、ロシアによる中国包囲網の一環です。プーチン大統領は２０２４年に北朝鮮とベトナムを公式訪問し、北朝鮮とベトナムを引き寄せました。これで中国を東から包囲できるようになりました。

一方、国際南北輸送回廊はロシア、アゼルバイジャン、イラン、インドとユーラシアの南北を結ぶ経済構想で、これがそのまま中国への西からの圧力になります。こうして東西から中国を包囲しようというわけです。このロシアによる中国包囲網にトランプ大統領が一枚嚙んでくる可能性もあります。

トランプ大統領の世界観とは合わない「みんなが豊かになれない中国」

トランプ大統領が中国を敵視するのは、中国そのものがディープステートということに加え、中国共産党やその代表である習近平主席の世界観が、トランプ大統領と合わないことが挙げられます。

トランプ大統領は、じつのところ愛のある政治家です。アメリカの中間層を大事にし、国民の多くがそれなりに豊かさを享受できる国を目指しています。

しかも「アメリカファースト」を唱えつつ、他国にも「自国ファースト」があってよいと考えています。世界にはいろいろな民族や宗教があり、それぞれの世界観を尊重するべきという姿勢です。

これに対し、習近平主席の世界観は違います。一部の支配者のみが豊かになり、大多数の貧困層を放置しています。これはトランプ大統領の世界観にまったくそぐいません。

日本に来る中国人には、お金持ちがたくさんいます。日本の不動産を買い漁っている人たちもいます。そうしたハイパービリオネア（超富裕層）のような中国人は、全体ではほんのひと握りです。

大都市と農村の格差も大変なものがあります。中国では全国各地で大都市が急速な勢いで成長し、そこに住む人たちはそれなりに豊かです。ところが都市部からクルマを1時間も走らせれば、そこに広がるのは古くからの農村です。

牛を使って田畑を耕すような人たちもいて、50年前とほとんど変わらない暮らしをしています。メディアではなかなか報じられませんが、明日のご飯を食べるのに精一杯という人たちも大勢います。中国の1人あたりGDPは確かに上がっていますが、それは一部の大金持ちが引き上げているだけです。

少し前に山東省の臨沂《りんぎ》市に用事があって出かけたことがあります。山東半島の付け根にあり、十数年前までは何もない農村でしたが、いまは人口1000万人を超える大都市になっています。

臨沂市の急成長は、習近平主席が構想する「一帯一路構想」における玄関口の1つになったからです。山東半島の付け根は、北京と上海を直線距離で結んだ中間にあります。そこから山東半島は物流の拠点として注目されます。

中国のコンテナ取扱高上位20港のうち、山東半島には7つの港があります。臨沂市は山東半島の港からもアクセスがよく、物流の中心になったのです。

中国共産党が臨沂市を物流都市にすると発表してのち、臨沂市には物流ターミナルが建設され、オフィスビルも次々と建ち並びました。それこそ雨後の筍のように高層マンションも建てられ、街の風景は一気に変わっていきました。

ただ、あまりに高層マンションを建てすぎ、誰も住んでいないマンションもたくさんあります。臨沂市はどこか張りぼてのような、人工的な不自然な街でもあります。

私が臨沂市を訪れ始めたのは、臨沂市にポテンシャルを感じ、日本の商品を売ろうと思ったからです。地元の人たちに協力してもらい、展示会場を借りて何度か日本商品の展示会を開催しました。

あるとき上海から飛行機で日本に戻ることになりました。しかし当時の臨沂市には高速鉄道が通っていなかったので、最寄りの高速鉄道の駅まで行ってから上海行きの電車に乗ることになりました。このときの道すがら、昔ながらの農村を見たのです。道路は舗装されていましたが、街中の巨大都市ぶりとはかけ離れた風景でした。

最寄りの高速鉄道の駅にしても、急拵えのハリボテのようで、周辺には不自然な街並みがありました。私が見たのはおそらく氷山の一角で、中国社会のあり方には、地に足のついていないところがあります。そんな風景をトランプ大統領が見たら、いったい何を思うでしょう。

もちろんアメリカにも激しい貧富の差があります。ディープステートによって一部の超大金持ちが生まれ、一方で「プア・ホワイト」を含めて豊かになれない人たちが大勢います。アメリカの抱える問題点は、いまの中国と同じです。

とはいえ習近平主席がそれを変えようとしないのに対し、トランプ大統領は変えようとしています。アメリカの製造業を復活させ、ラストベルト（錆びた工業地帯）で働く工業労働者たちを豊かにしようとしています。

監視独裁社会の中国とトランプ大統領は水と油の関係

中国の問題点には、漢族以外すべての民族が弾圧の対象になっていることもあります。少し前ですが、2017年に新疆ウイグル自治区のウルムチに行きましたが、監視カメラの多さに驚きました。レストランに入るときは、空港のセキュリティチェック並みのX線検査が行われました。

当時聞いた話では、中国の国内治安維持にかける費用は中国の軍事費に近いとのことでした。中国の軍事費は莫大で、2017年には2280億ドルを投入しています。これはアメリカに次いで世界第2位で、日本の3倍にもなります。その軍事費に近い予算を国内の治安維持に投じているのです。

とくに予算をかけているのは、新疆ウイグル自治区、チベット自治区、内モンゴル自治区でしょう。これは、膨大なお金をかけて弾圧しているようなものです。

今後、中国の監視社会化はさらに進むと思われます。監視カメラをはじめ、監視に関わる中国のテクノロジーは、世界で最も進んでいるといわれます。中国はその監視精度をさらに高めようとしています。

中国のある大学教授の話では、3キロ先の人物の行動を予測できる監視カメラまであるそうです。人物の表情や所作から犯罪者やテロリストではないかを審査し、犯罪やテロの可能性を読み取ると、何分先にそれを実行するかまで予測し、その人物を追いつづけるのです。

これほど優秀な監視カメラがあれば、国内での犯罪やテロは減るでしょうが、一方で国民の神経が休まらないのではないでしょうか。中国は異常な監視社会になってきているのです。

言論統制も厳しくなっています。私が中国国内で「中国共産党はディープステートである」と述べた本を出したら、おそらく拘束されるでしょう。江沢民や胡錦濤時代の中国ではアメリカのグローバリズムが入り込み、アメリカのディープステートが中国を操ろうとしたこともありました。それが習近平政権ではアメリカの影響は消され、完全な共産党支配体制になっています。

このように、私は中国共産党の独裁体制に疑問を抱いていますが、個々の中国人となると別の話です。中国国内の民間人には、人柄のいい人もたくさんいます。ただ気の毒なのが習近平政権のもと、仕事が思うようにできないことです。これまでうまく商売をやっていた人も、国家の方針転換により、いきなり会社を潰されています。いまの独裁体制の中国ではビジネスもやりにくくなっているのです。

そのため日本に逃げてくる中国人も増えています。東京の山手線に乗ると、聞こえてくる大きな声の半分くらいは、中国語のような気さえします。

中国人からすれば、日本は天国のようなものでしょう。行動の自由があり、子どもたちをすぐ学校に通わせることもできます。うまくすれば日本の国民健康保険にも加入でき、医療費は3割負担ですみます。

日本に逃れてきた金持ちの中国人には、日本の不動産を買い漁っている人も少なくありません。東京港区・三田の丘陵地帯には超高級マンション群が建てられていますが、入居者の多くは中国人と聞きます。オーナーの3、4割も中国人と聞きます。

皇居に近い千代田区の千鳥ヶ淵近辺にも、超高級マンションが建っています。それこそ目玉が飛び出そうな金額で、誰が買うのかと思ったら、ほとんどが中国人という話でした。日本では裕福な中国人のコミュニティもできつつあります。

結局、習近平体制の監視統制社会を嫌って、お金持ちの有能な中国人は海外に逃げているのです。あとに残った人たちを習近平体制はコントロールしているのです。そんな監視独裁の中国とトランプ大統領は水と油で、習近平主席の中国とトランプ大統領のアメリカは対立するしかありません。

習近平主席が突然死去したり、不測の政変でも起きない限り、中国は変わらないでしょう。変わらない中国とトランプ大統領は、まともにつきあいようがないのです。

ただしトランプ大統領が、中国を完全に敵対しつづけるかは不透明です。不景気とはいえ中国には14億人という巨大マーケットがあります。中国がアメリカ製品を大量に買ってくれるなら、トランプ大統領も中国敵視を弛めるでしょう。そこは取引しだいです。

民族運動で中国は崩壊する

監視独裁体制を強めている中国ですが、いずれ崩壊すると私は考えています。他国との戦争ではなく、内部分裂による崩壊です。

参考になるのが、１９９１年のソ連崩壊です。当時のソ連は、ソ連を構成していたさまざまな国が民族運動を起こし、ソ連政府もこれを止められなくなりました。その結果、内部崩壊し、ウクライナやベラルーシ、カザフスタン、ウズベキスタン、アゼルバイジャン、グルジア（現ジョージア）、アルメニア、バルト3国などの独立につながったのです。

当時のソ連は世界最大級の軍事力を持つ国でした。その強大な軍事力を一つも行使することなく、民族運動によって消滅したのです。

ソ連の場合、1986年のチェルノブイリ原発事故のダメージもありました。事故により財政が逼迫し、各国の独立を認めざるを得ないところもありました。

中国も近い将来、ソ連崩壊と同じことを経験するでしょう。中国共産党は、これまで新疆ウイグル、チベット、内モンゴルの民族に対して弾圧を続けてきました。監視カメラによる徹底的な統制も確立させています。

民族の独立・離反を恐れてのことですが、弾圧を強めるほど漢族以外の民族は北京の中国共産党政権を敵視するようになります。新疆やチベットでは、弾圧されながらも民族運動が水面下にあると聞きます。

海外から中国各地の民族運動を支援する組織もあるでしょう。場合によっては西側のディープステートも、民族運動に資金提供するでしょう。

民族運動が内戦化すればディープステートにとって、武器を売りつける大きなチャンスにもなります。中国共産党自体が西側のディープステートとつながり、民族運動弾圧資金を得る可能性もありますが、民族運動が中国を揺るがす力を持っていることは間違いありません。

さらには漢民族の中でも、政府に対する憤懣は増大していくはずです。トランプ大統領とプーチン大統領がタッグを組み、インドも含めて中国包囲網を形成していけば中国経済はしだいに弱まり、かつての力を失っていきます。そうなると中国の一般社会でも共産党の一党独裁に対する疑問や不満が噴出していきます。

現在の中国経済は、不動産バブルの崩壊で大きく冷え込んでいます。中国のトップ大学・清華大学を卒業した人でも正社員の仕事がなく、ウーバーイーツで働いているほどです。ほかにも、大卒なのにアルバイト程度の仕事しか得られない若者が増えています。

中国の国内経済がいかに冷え込んでいるかは、原油価格がなかなか上がらないことでもわかります。ウクライナ戦争やイスラエル・ハマス戦争のような激しい戦争があれば、原油価格は1・5倍ぐらいに上がっても不思議ではありません。

ところがそうならないのは中国の景気が悪く、原油需要が大幅に減っているからです。つまりウクライナや中東での戦争と中国経済の悪化が綱引きをしていて、原油価格が横ばいになっているのです。それほど中国の景気は悪いのです。

中国の経済規模がこれからさらに落ちていけば、就職状況はいま以上に悪化し、まともに食べていけなくなります。かりに経済成長率が0～1パーセント台まで落ち込む状況が続けば社会不安が広がり、中国共産党政権を打倒しようという気運も出てくるでしょう。

ソ連が崩壊した時点と現在の中国を比べて1つ違うのは、中国は高度な監視カメラ体制を築いていることです。1980年代のソ連には高度な監視カメラがなく、民族運動が盛り上がりやすかったといえます。監視カメラでつねに監視されている中国では、簡単に民族運動を起こせないことも確かです。

とはいえ習近平体制も完璧ではありません。党の幹部にも、いまの体制に不満を抱いている人は少なくありません。なかには、トランプ大統領のような愛国者もいるでしょう。上層部の分裂から中国が崩壊していくことも考えられます。

中国国民の幸せを考えるなら、いまの中国は分裂していったん混乱を経たほうがいいようにも思います。

第6章

巨大市場インドは トランプ大統領のよきパートナーに

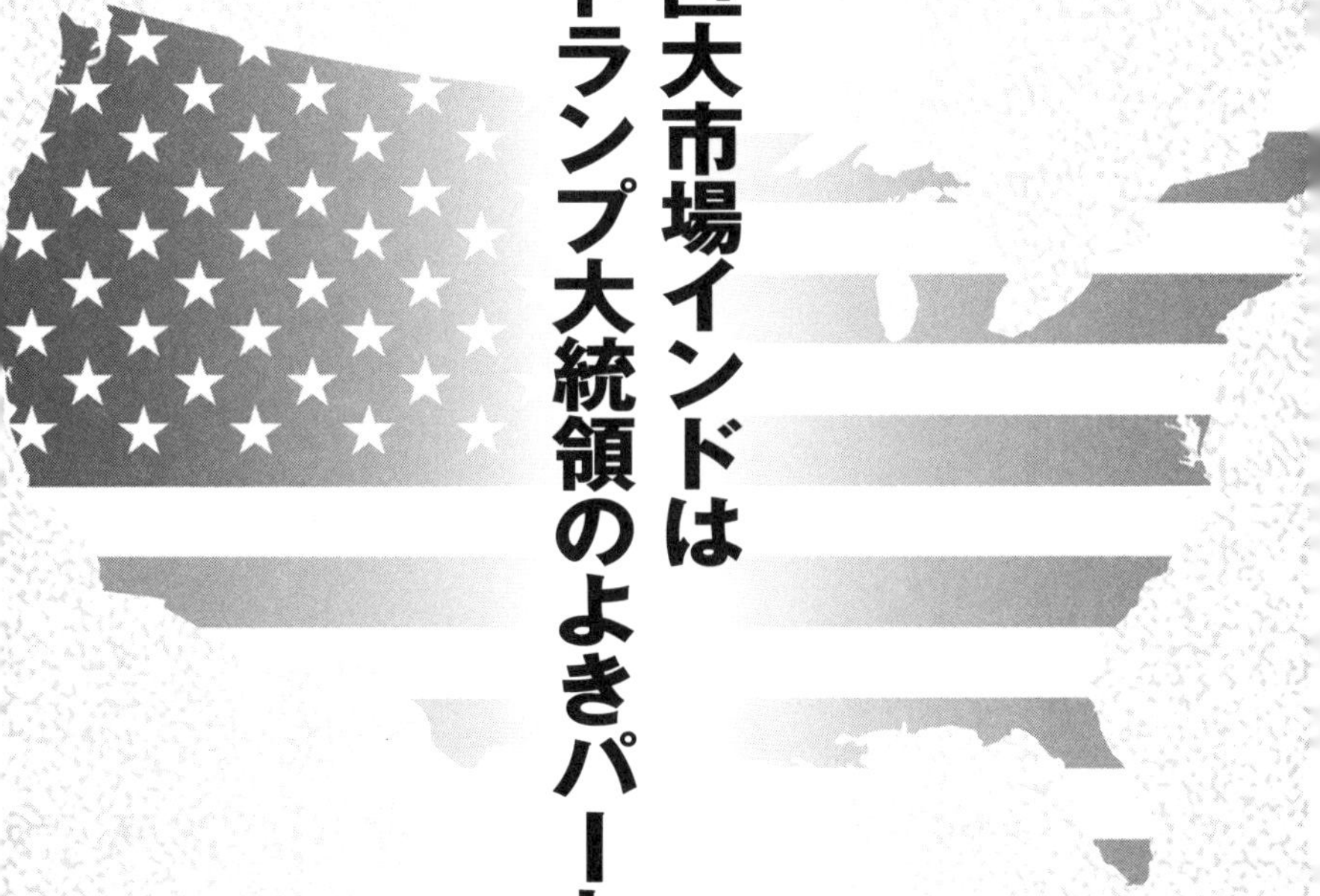

トランプ大統領と相性のよいモディ首相

5章で、中国包囲網を築くうえで、ロシアと並ぶアメリカの強力なパートナーとなるのがインドだと述べました。6章ではインドをトランプ大統領はどのように見ているのか、経済をはじめとするインドの今後の可能性について見ていきたいと思います。

インドとトランプ大統領の関係を考えると、そもそも第1次トランプ政権は日本の安倍晋三首相の提唱する「自由で開かれたインド太平洋」構想の一角でした。自由で開かれたインド太平洋構想は柔らかな中国包囲戦略であり、安倍首相はインドのナレンドラ・モディ首相も巻き込んでいました。トランプ大統領のインド重視は、そうした経緯を踏まえてのものでもあります。

ロシアのプーチン大統領も、中国包囲網を築くうえでインドを重視しています。それが3章で述べた国際南北輸送回廊でもあり、トランプ大統領にとってもプーチン大統領にとっても、インドは中国包囲網の欠かせない存在なのです。

そもそもトランプ大統領とモディ首相は、波長が合いやすいといえます。トランプ大統領がアメリカ第一主義なら、モディ首相もまたインド第一主義で、ナショナリストです。モディ首相のナショナリズムについて、ヒンドゥー教を根源とする過激なヒンドゥー至上主義があるともいわれますが、実際はそこまで過激ではなく、バランスが取れているように思います。

安倍首相とモディ首相が親しかったのも、ともにナショナリストだからです。安倍首相も日本第一主義の政治家で、モディ首相と価値観が合ったのです。

モディ首相もまた、アメリカをインドの国益に適う国と見ています。これは、先に少し触れた、2024年にロシアのカザンで開かれたBRICS首脳会議でのインドの立ち位置からもわかります。

この会議でロシアはBRICS間の決済について、完全なドル排除を主張していました。一方モディ首相はドルを排除する必要はなく、いろいろな決済システムの1つにドルがあってもよいという姿勢でした。ここから、アメリカにソフトに寄り添おうとするインドのスタンスが見えます。

そうしたインドの思惑をトランプ大統領も承知しているでしょう。ここからも両者が協力しあえると考えられます。

モディ首相に限らず、そもそもインド人の多くはアメリカに親近感を抱いています。そこがインド人のイギリスに対する感情と違うところです。

インド人にはイギリスに対する反発や憎しみのようなものがあります。インドにはイギリスの植民地だった時代があり、イギリスのインド支配は極めて過酷なものでした。1920年代のインドを描いた映画『RRR』では、釘のついた金棒でインド人を殴るなど、イギリス人の残虐な様子が描かれていました。このときの恨みを覚えているから、インド人の多くはイギリスに悪感情を抱いています。

一方でアメリカに対してインド人は、憧れに近い感情を抱いています。インドの優秀な若者にとってアメリカは、世界ランキングで上位の大学も多く、最も留学したい国です。アメリカにはビジネスで活躍しているインド系アメリカ人も多く、私の知り合いにも何人かいます。

民間レベルでもアメリカとインドは良好な状態で、トランプ政権下でも協力的な関係を築けると思います。

経済的にもウィン・ウィンなアメリカとインドの関係

トランプ大統領の目標の1つは、アメリカの製造業の復活・育成です。このときインドは、アメリカ製品の巨大な輸出マーケットになります。14億人の人口を抱えるうえ、経済成長を続けるインドは、大きな購買力を持っています。

大きな人口を抱える点では中国も同じですが、経済が冷え込んでいる中国と違い、インドはまだまだ成長段階にあります。アメリカにとってインドこそ、魅力的なマーケットになっています。

しかもインドの人たちは、もともとアメリカ製品が大好きです。インドがアメリカの製品を大量に買うなら、アメリカの産業振興という点で、インドはアメリカの重要なパートナーになります。

インドに進出している企業にはアメリカのIT産業もあり、とくにEコマース（電子商取引）の分野が盛んです。アメリカ最大のネット通販会社アマゾンも進出していて、当初は利用者が少なく、苦戦していましたが、試行錯誤を繰り返す中でインドに定着してきました。

また半導体メーカーのエヌビディアは、インド最大のコングロマリット、リライアンス・インダストリーズを率いるムケシュ・アンバニ氏と組んで、インドにＡＩインフラを構築しようとしています。

一方でアメリカのＩＴ産業を下支えしている人たちもいます。優秀なＩＴ技術者や経営者にはアメリカに渡り、アメリカのＩＴ産業を支えている人たちも少なくありません。グーグルやマイクロソフトのＣＥＯ（最高経営責任者）も、ともにインド出身です。ＩＴ産業において、アメリカとインドは持ちつ持たれつの関係にあります。

またアメリカとの時差も、アメリカのＩＴ企業にとって便利なものになっています。インドのＩＴ産業の中心は南部にあるカルナータカ州の州都ベンガルールですが、アメリカのＩＴ企業が夕方、帰り際にベンガルールの会社に仕事を依頼すると、インドは朝なので、インドの人たちはすぐに仕事を始められます。

インドの人たちが夕方仕事を終えてアメリカに納品すると、アメリカはちょうど朝になっています。アメリカの社員たちは、すぐに仕事を始められるといった具合です。

こうしたインドとアメリカのウィン・ウィンの関係が、トランプ政権ではさらに進展していくと思われます。

インド人労働者が支える中東の経済成長

インド人のバイタリティは国内にとどまらず、海外に仕事を求めて出稼ぎに行っていることにも表れています。とくにインドに近い中東には、多くのインド人が出稼ぎに行っています。

中東のサウジアラビアやＵＡＥの街中を見ると、半分ぐらいはインドの人たちです。パキスタン人、バングラデシュ人、ネパール人などもいますが、圧倒的に多いのはインド人です。「中東で石を投げればインド人に当たる」といってもいいほどです。

インドから中東にやって来るインド人は、さまざまです。高給取りのビジネスパーソンもいれば、低賃金で働く労働者もいます。とくに建設現場やサービス業では、多くのインド人労働者を必要としています。

中東はもともと人口が少ないうえ、経済が急成長しています。各国でいろいろなプロジェクトが進み、建設現場やタクシー、レストランなど、さまざまな分野で人手不足になっています。

そもそも中東の人たちは大半が公務員で、建設現場やサービス業などでは働きません。これらの仕事は出稼ぎの人たちに頼っていて、なかでも重宝されるのがインド人なのです。

出稼ぎに出るのは、インド人側の事情もあります。14億人もの人口を抱えるインドでは、いかに大きな国内マーケットがあろうと仕事がない人は多数います。そのため仕方なく、出稼ぎに出ている面もあります。

中東での月給が5、6万円程度でも、インドの山奥で仕事がない状態よりずっとましです。仕事があったとしても、月給5、6万円にも満たない場合がほとんどで、ならば中東で働いたほうがいいとなるのです。

出稼ぎに出た人たちは、給料のほぼ全額を故郷に仕送りします。そうして2、3年働いて故郷に戻るのです。

一方、ホワイトカラーとして活躍しているインド人も多くいます。インド人には優秀な人材が多く、IT技術に長けていたり、語学に堪能なインド人もいます。欧米の人たちに比べ、比較的低コストでそうした人材を使えるので、採用されやすい利点もあります。

中東では湾岸諸国がつくった金融機関もあれば、欧米の金融機関も進出してきています。そうした金融機関の支社長を務めるインド人もいます。UAEの政府系ファンド・アブダビ投資庁やエミレーツ航空、大手不動産会社などにも、インド人幹部がいます。ある意味、中東社会はインド人によって回り、成立しているともいえます。高給取りの人、高賃金の人も含めて、出稼ぎのインド人がいなければ中東の経済は成り立たないほどなのです。

「インドを制すれば世界を制す」といわれる理由

インドについてUAEのアブダビ投資庁の人から、面白い話を聞いたことがあります。ビジネスの世界で「インドを制すれば世界を制す」という言葉があるそうです。だからアブダビ投資庁はインドにも支店を置いているとのことでした。

この言葉がどういう意味かというと、インドは宗教も言語も民族もバラバラで、カオスのような国です。そのインドでビジネスを成功させれば、世界のどこでもビジネスで成功できるというわけです。

私のインドでのビジネス経験でも感じたのですが、実際インドの人たちは十人十色。考えていることもバラバラ、話す内容もバラバラ、その後の行動もバラバラなので、つかみどころがありません。

これが日本人なら考え方ひとつとっても、ある一定の傾向があります。「思ったことをすぐ口に出さない」「横並び」「ケンカを避けたがる」などが特徴でしょう。こうした民族固有の傾向はアメリカ人にもあれば、イギリス人や中国人にもあります。

だから日本やアメリカ、イギリス、中国などでは、ビジネスのマニュアルをつくりやすくもあります。受験でいえば志望校別入試問題集のような、対策本がつくりやすいのです。

ところがインド人相手には、そうしたマニュアルをつくることがとても難しい。インドにはそれぞれ思考パターンの異なる14億人がいて、それぞれに対応する方法を考えていくしかないのです。

逆にいえばインドで成功すれば、一人ひとりのインド人とうまくビジネスができていることになります。さまざまな思考パターンに対応した攻略法を持っていて、それだけ多くの攻略法を知っているなら、世界中どこへ行ってもビジネスで成功できるのです。

インドの市場がいかに難しく、また巨大な可能性があるかについて、私も経験したことがあります。インドで会社を経営している日本人女性から相談を受けたときです。ムンバイで日本の商品の展示会を開きたいから、出展者に声をかけてくれないかと頼まれたのです。

ムンバイではどういうものが売れるのかと尋ねると、「キッチン用品」という答えが返ってきました。インドはその頃、住宅供給政策に力を入れていました。それは衛生対策でもあれば、外国企業を撤退させないためでもありました。

ムンバイは国際都市で、多くの外国企業が支社を置いています。ところが当時のムンバイはスラム街が広がり、じつに不衛生な街でした。スラムの住人たちには家がなく、もちろんトイレもありません。大雨が降れば大洪水の中で汚物が浮き上がり、臭いもひどいものがありました。

スラムの住人たちは、勝手に電線から電気を引いたりもしています。そんなムンバイのスラム街のすぐ隣りに外国企業が入居するビルもありましたが、外国企業は不衛生なムンバイを嫌って撤退しようとしていました。これを解消しようと、安い住宅をたくさん供給して、スラム街の人たちをそこに住ませようとしたのです。

スラム街の住人がアパート生活を始めれば、キッチン用品が必要になります。スラム街で彼らは膝の上にダンボールを置き、そこで果物や野菜を切っていました。それがアパートに移ると、ちゃんとしたキッチンがあります。そうなると、まな板や包丁、鍋、フライパンなどが必要になります。だから日本製のキッチン用品を展示すればいいという話になったのです。

日本でキッチン用品といえば、新潟県の燕三条エリアが有名です。同エリアにはフライパンや包丁を製造している町工場がたくさんあります。私は知り合いを通じて、燕三条の町工場の人たちに声がけしました。

ただ多くの会社は興味を持っても、実際に動こうとする会社はなかなか出て来ませんでした。ただ私自身、その展示会に興味があったので、私の会社でキッチン用品を集めて売ることにしたのです。

燕三条の人々にそう伝えると、いくつもの会社から「行くならお願いします」とキッチン用品のサンプルが送られてきました。そこで、キッチン用品の中でも、とくにフライパンと包丁に絞ってムンバイに持っていきました。

ムンバイの展示会は3日間で、最初の2日間はまったく売れませんでした。バイヤーたちの前で果物や野菜を包丁で切りながら、「ほら、よく切れるでしょう」などと実演販売をしても、買ってくれるバイヤーは現れませんでした。

そして最終日です。私はある人からアドバイスを受けて、特定のバイヤーたちの前で実演販売することにしました。彼らはインドで「パパママショップ」と呼ばれる小さな店を束ねるバイヤーたちです。

インドのパパママショップは1畳程度の小さな個人商店で、インドの流通の97パーセントを占めています。インド人にとってショッピングモールやスーパーはウインドウショッピングの場であり、実際に買うのはパパママショップです。

パパママショップを束ねるバイヤーたちに関心を持ってもらえば、バイヤーから商社に伝わり、商社から注文が来るかもしれないと教えてもらったのです。

これが功を奏し、私のところに800本もの注文が来ました。おそらくその商社とつきあいのあるバイヤーの下には、800軒かそれ以上のパパママショップがあるのでしょう。もっともインドの人たちにその包丁は高価すぎたようで、次の注文はありませんでしたが、インドのマーケットの凄まじいポテンシャルを感じる出来事でした。

ドバイからインドに向かうお金の流れ

「インドを制すれば世界を制す」ということで、アブダビ投資庁はインドに支店を置いていますが、逆にインド人が中東に店を構えるケースもあります。ドバイには「ゴールドスーク」と呼ばれる世界最大の金（ゴールド）の現物市場があります。ここに店を構えている人のほとんどがインド人です。

インド人は世界で最もゴールド好きといわれます。インド国内ではゴールドがほとんど産出されないので、海外から輸入するしかありません。そこでインドから近いドバイの金の現物市場に目をつけ、ここでゴールドの売買をするようになったのです。ドバイで調達したゴールドをインドに持ち込み、インド人相手に売るのです。

ただゴールドの輸入が増えるほど、インドは貿易赤字になります。そこでインド政府によってゴールドの輸入に高い関税をかけられたり、制限されたりするといったことが、これまでしばしば行われてきました。そこから笑い話のような出来事もあります。

ドバイで買ったゴールドを持って飛行機に乗ったインド人が、ゴールドの輸入が禁じられていることを思い出したのです。持ち込んだことが発覚すれば、税関でゴールドは没収されるうえ逮捕されます。そこで彼は所持していたゴールドをすべて、機内のトイレに捨てたのです。

着陸後、清掃員が機内のトイレを清掃しようとしたところ、ずっしり重い鞄を発見、中に入っているのは爆弾ではないかと大騒ぎになりました。恐る恐る開けて見ると、中から24本の「金の延べ棒」が発見されたのです。

日本円で1億2000万円になるそうですが、逮捕されないためには仕方なかったのでしょう。

またインドと中東の経済的結びつきがいかに強いかを象徴するのが、実業家のディルバイ・アンバニが一代で築いたリライアンス財閥です。

インドの3大財閥の一角で、彼が財を成したのは、中東相手の石油ビジネスです。彼の2人の子はともにアメリカのビジネス誌『フォーブス』が発表する世界長者番付トップ10にランキングされたこともあります。

中東経済圏とインド経済圏はつながっていて、一体化さえしています。人の交流もあればお金の交流もあり、ともに経済成長に向かっています。

トランプ大統領は中東にも強い関心を持っていますから、第2次トランプ政権が始まると、アメリカとインドとの関係は、さらに勢いを増すのではないでしょうか。

第7章

第2次トランプ政権を日本再生のチャンスに

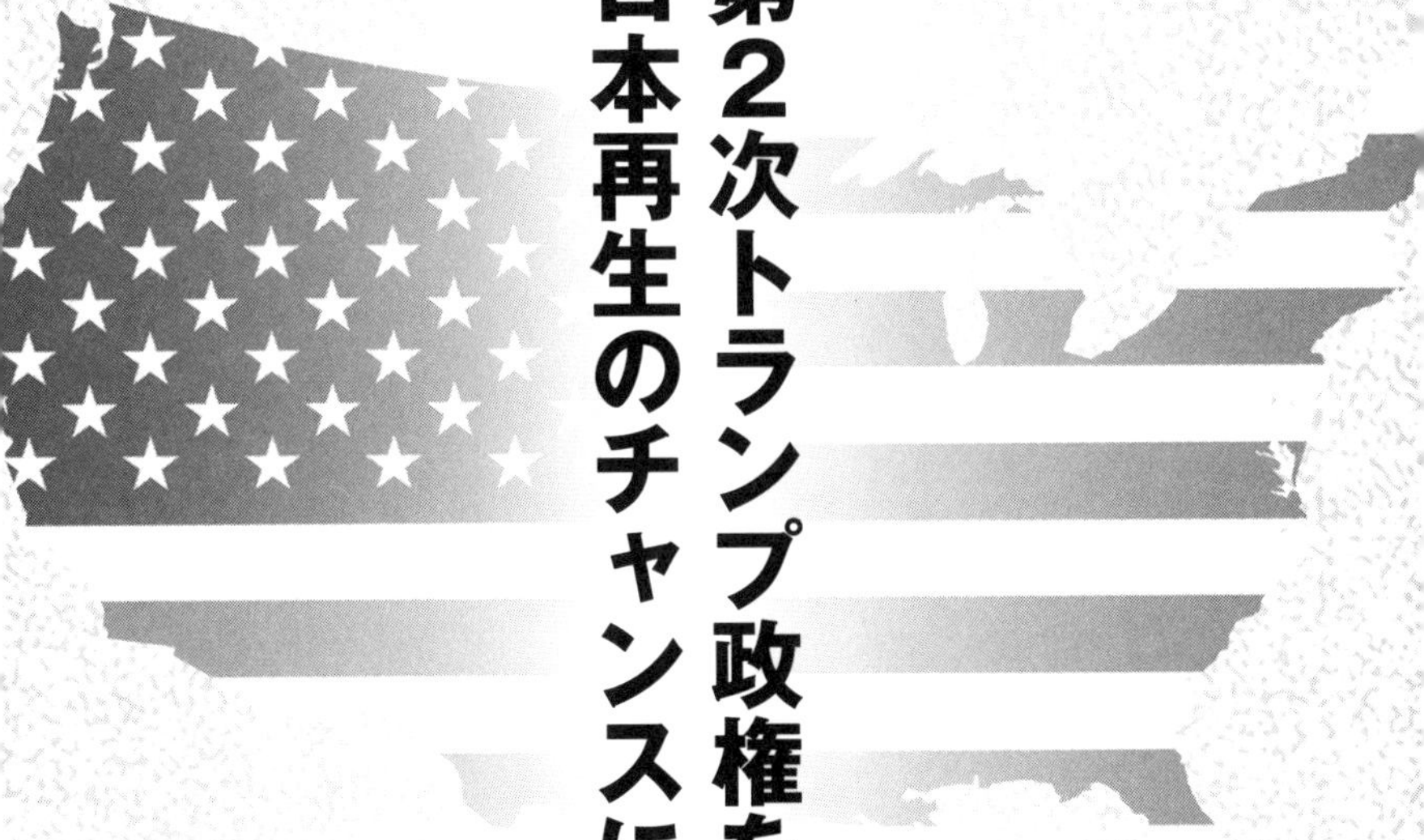

バイデン政権以上に、むしり取られかねない日本

ここまで中東、ロシア、G7、中国、インドについて、第2次トランプ政権がどのような対応を見せるかについて考えてきました。

基本的構図としては、ロシアやインドとの協力によって中国包囲網を築く一方で、安価な石油を手に入れるために中東に接近。逆にG7とは距離を置くという形になるように思います。

そうした中、日本はどのような対応をすればいいかを、本章では考えていきたいと思います。

トランプ大統領に対する日本のマスコミ報道や識者の意見を見ると、トランプ大統領に批判的な意見が大半です。でもこうした意見はトランプ大統領の本質を捉えていないように思います。トランプ大統領の本質を理解するなら、日本にトランプ大統領を批判する余裕などないからです。

このまま日本の政権がトランプ政権と対峙すれば、日本は危機的状況に陥り、衰退する

ことは間違いありません。トランプ大統領は日本からお金をむしれるだけ、むしっていくでしょう。そのむしり方は、バイデン政権の比ではありません。

バイデン政権時代の日本は、ある意味ラクでした。指示されたことだけやっていれば、それで何とかなりました。お金を「出せ」と言われ、言われたとおり出していればよかった。要は思考停止です。

同じやり方はトランプ政権には通じません。そんなことではトランプ大統領に舐められ、際限なくお金を要求されることになります。

トランプ大統領は、自分の足で立とうとしない国を嫌います。思考停止状態の日本は、自分の足で立とうとしない国の典型です。

たとえば日本と中国の間で尖閣諸島を巡り、紛争が起きたときです。トランプ政権は日本に武器を売りつけるでしょう。一方でアメリカ兵は尖閣諸島に送らず、むしろ日本から撤退させます。日米同盟は反故同然で、日本は自力で中国と戦うしかありません。

しかもトランプ大統領の発想はビジネスマンと同じです。日本からお金を引き出せるだけ引き出そうと考えます。日本がアメリカに「1兆円出します」と言えば、「叩けばもっと出る」と考え、さらに過大な要求を突きつけます。2兆円を要求され、それでも日本が従うなら、ますます舐められることになります。

そうした状態を避けるには、まずは自分の足で立つことです。そのうえで日米がウィン・ウィンになる提案をする。アメリカの利益になる提案をするなら、日本の拠出は1兆円から1000億円に下がるといったこともあり得ます。

トランプ大統領から敵扱いされる日本の大企業

トランプ大統領は、すでに述べたようにディープステートとの戦いを公言しています。このことも日本にとって厄介な問題になります。日本自体、ディープステートに支配されているからです。

このことは大企業の大株主を見れば明らかです。上場企業の32パーセントが、アメリカのJ・P・モルガン、ステート・ストリート、バンガード・グループ、ブラックロックといった機関投資家を大株主にしているのです。

アメリカの機関投資家の株主には、ディープステートに連なるユダヤ系資本が多く存在します。つまりユダヤ系資本やディープステートの影響の下にアメリカの機関投資家がいて、その下に日本の大企業がいるという構図です。

そして日本の大企業の集まりが、経団連（日本経済団体連合会）です。この経団連に自民党政権は逆らえず、むしろ経団連の言いなりです。つまりディープステートは、経団連を通じて自民党政権に強い影響力を及ぼしているのです。

これは逆から見れば、搾取の構造でもあります。自民党政権は国民から税金という形でお金をむしり取り、そのお金を自民党政権は補助金という形で経団連企業に渡します。あるいはアメリカに言われるままウクライナに渡すなど、ディープステートを潤す構造にもなっています。つまり日本人の納めた税金が、ディープステートの恰好の資金源になっているのです。

この構図に対して、日本の大マスコミは沈黙したままです。経団連企業からの広告収入でマスコミは成り立っているので、大企業を正面から批判できないのです。これまで日本の一部の大新聞社は、ユダヤ人に批判的な書物の広告掲載を拒否してきました。これも彼らがディープステートに侵食されているからです。

トランプ大統領がアメリカのディープステートと戦うなら、こうした日本とディープステートとの関わりにも切り込んでくることになるでしょう。これは日本の大企業がトランプ大統領に敵扱いされることでもあります。

元CIAのスノーデンが日本対策省長官？

前項で述べたように日本はディープステートのいい金づるになっています。そのディープステートをトランプ大統領は潰そうとしています。そう考えるとトランプ大統領はディープステートの資金源を叩くため、日本にも何らかの策を講じてくるでしょう。

現在噂されているのが、日本対策省の設置です。その長官には、元CIAの工作員エドワード・スノーデン氏が任命されるともいわれます。

3章で述べたようにスノーデン氏は、デルテクノロジーズの日本支社に勤務しながらCIAの工作員として働いていました。日本におけるディープステートの暗躍を知り尽くしています。彼はロシアに亡命していますが、第2次トランプ政権の始動以降、アメリカに返還されるといわれています。

おそらくディープステートに対する知見を買われたからで、そのスノーデン氏が日本のディープステート対策のトップになる可能性があるのです。スノーデン氏は日本におけるディープステートの動きを封じ、日本人に対しても警告を発するかもしれません。こうして日本からディープステートへの資金流出を防ぎ、ディープステートを弱らせていくのが狙いではないかと思います。

これは日本の自民党政権やマスコミ、大企業の力が弱まることでもあります。その結果、日本で大きな政権交代が起きたり、企業の新陳代謝もあるかもしれません。これは日本がまともな国になるうえで必要なプロセスでもあります。

そう考えるとトランプ大統領による日本のディープステート叩きは、日本全体にとって大きなチャンスともいえるのです。

安倍首相もディープステートと無縁ではなかった

ここ数十年の日本の政権で、比較的まともだった政権を挙げるなら、安倍晋三政権でしょう。安倍首相はトランプ大統領相手にうまくつきあい、ロシアのプーチン大統領とも親密で、北方領土問題に決着をつけようとしていました。

繰り返しになりますが、安倍首相はトランプ大統領やプーチン大統領と同じ、自国第一主義者でした。ゆえにトランプ大統領やプーチン大統領とも通じ、ときに日本が世界をリードする構想も打ち立てました。

安倍首相はエネルギー安全保障も重視し、そのためにロシアとの関係を重視していた面もあります。同じくエネルギー安全保障の面から、サウジアラビアとも親しくする全方位外交を進めていました。

安倍政権時代の日本は、世界で初めてサウジアラビアからのブルーアンモニアの商業輸送を行っています。ブルーアンモニアは、石油など化石燃料由来のアンモニアを製造する際、二酸化炭素を大気中に排出させずにつくられたアンモニアです。

アンモニアは燃焼しても二酸化炭素を排出しないので、ブルーアンモニアを火力発電に使えば、二酸化炭素の大気への排出をゼロにできるというものです。すでに日本ではブルーアンモニアを商業ベースにのせるための燃焼実験も行っています。その道筋をつくったのが安倍首相です。

ただ安倍首相にしても、ディープステートとまったく無縁だったわけではありません。典型が、２０１８年の種子法の廃止です。これまで日本の農業は種子法によって守られてきた部分があります。外来種の輸入を防ぎ、在来種の品質や安定供給を確保、都道府県ごとの品種の開発などを促す役割を果たしてきました。

種子法廃止によってこれらが難しくなり、多国籍企業が管理する種子が日本の農業を席巻する可能性は否定できません。さらに遺伝子組み換えの農作物の種子が日本に入ってくる心配もあります。

種子法以外にも国民が気づかないところで、安倍首相はディープステート寄りの法改正をいろいろ行っています。

その安倍首相は退任後、2022年7月に暗殺されます。犯人は旧統一協会の信者の子どもとされていますが、背後にCIAがいたという説もあります。安倍元首相を「ディープステートの敵」と見なしたCIAによる工作活動というわけで、実際、安倍氏の暗殺には疑問点が多々あり、CIAが関わったことを示す証拠も出てきています。ディープステートの恐ろしさを感じさせる話です。

トランプ大統領が日本の消費税に切り込む理由

第2次トランプ政権が日本に要求すると思われることの1つに、消費税の改革があります。日本の消費税が実質、日本企業に対する輸出補助金となり、アメリカの産業を不利にしているからです。

一見無関係に見える日本の消費税と輸出補助金ですが、じつは大いに関係しています。日本の輸出企業の大半は大企業ですが、そもそも消費税自体が日本の大企業を有利に導く制度設計になっているのです。

私はいまの仕事を始める前、税金関係の仕事をしていました。なかでも消費税を担当し、消費税の申告書を年に30～40本つくってきました。消費税と法人税を合わせると税務調査にも100回ぐらい立ち会ってきました。

そんな私から見ると消費税は、従業員の賃金を下げ、大企業を利する税制です。消費税のもとでは正社員を抱えるほど会社は儲かりにくく、儲けようと思えば正社員ではなく派遣社員を雇ったほうがいいとなります。これは日本人の賃金が上がりにくい構造をつくっているともいえます。

正社員を雇うより派遣社員を雇うほうが有利なのは、消費税の問題です。正社員の給料は消費税の課税対象外で、派遣社員の給料は課税対象になるからです。

会社は商品を売ったとき、価格の10パーセントを消費税として受け取ります。逆に商品を買ったときは、価格の10パーセントを消費税として支払います。会社が税務署に納める消費税は「受け取った消費税」－「支払った消費税」となります。

支払った消費税は「課税仕入れ」と呼ばれ、ここに課税対象外である正社員の給料や社会保険料は入りません。正社員にどれだけ給料を払っても、給料に関する課税仕入れはゼロなので消費税を節税できません。

本来お金が動けば消費税が発生しますが、社会的配慮から正社員の給料と社会保険料は対象外にしているのです。これだと多くの正社員を抱えている会社ほど給料分の課税仕入れが減り、消費税の納税額が増えます。

これに対して派遣社員への費用は、消費税課税の対象になります。これは派遣社員を雇う際、会社は派遣会社に費用を支払うからです。派遣社員の給料は、派遣会社から出る形になります。

そのため派遣社員の給料は給料扱いにならず、派遣会社に支払ったお金として、課税仕入れの対象になります。つまり派遣会社に支払った費用の消費税部分を、納付する消費税から差し引くことができるのです。

これは正社員を減らして派遣社員を増やすほど、会社の納める消費税が減ることを意味します。しかも派遣社員の社会保険料は派遣会社が負担するので、社会保険料の負担も減ります。

ただしこれは会社側の理屈で、派遣社員として働けば、基本的に給料は減ります。会社が社員一人に使うお金を年間３００万円として、これが正社員なら３００万円を丸々もらえます。

一方派遣社員の場合、３００万円を支払う先は派遣会社です。そこには派遣会社の取り分も含まれるので、派遣社員がもらえるのは３００万円より少なくなるからです。

しかも派遣社員は正社員より不安定で、退職金もありません。将来が不安だから結婚しない、子どももつくらないという話にもなります。日本の消費税問題は、じつは少子化問題にも関わる話なのです。

輸出企業への消費税還付が輸出補助金になっている

そしてこの消費税が日本の輸出企業を優遇し、アメリカの国内産業を不利にしているとトランプ大統領に思わせることにもなっているのです。

日本では輸出品に関する消費税を免税にしています。輸出自体には課税せず、輸出品が輸出国で売買されたとき、その国の税法で課税すればいいという考え方です。たとえばアメリカに日本製品を輸出した場合、その製品はアメリカの税法に従うことになります。

ただ日本の輸出企業は製造過程でいくつもの中小企業に部品を発注したり、組み立てを頼んだりしています。これらは国内取引なので、代金に加え、それぞれ10パーセントの消費税を支払っています。

すでに述べたように国に納める消費税額は「受け取った消費税」－「支払った消費税」です。輸出企業の場合、国内企業には消費税を支払っているのに、受け取った消費税はゼロなので、申告書を出せば部品製造や組み立てなどで支払った消費税を全額還付する仕組みになっています。その額は大手輸出企業なら何十億円にのぼります。

この恩典を受けている多くは大企業、つまり経団連企業です。日本の輸出企業にとって、輸出をすればするほど消費税が還付されます。これが「輸出をもっと増やそう」という企業側のモチベーションにもなります。

しかも輸出企業に対する消費税還付は、ある意味、政府からの補助金ともいえます。トランプ大統領はこの構造に気付き、日本に対して怒っているのです。

トランプ大統領が目指すのはアメリカの国内産業の復活です。ドル安を好むのも、国内産業の輸出を活性化させるためです。それなのに日本から安い製品が輸出されれば、国内産業の復活は厳しくなります。そこに〝補助金〟まで使って輸出支援しているとなれば、それを到底認められるものではありません。

国内産業保護のため、日本からの輸出に厳しい提案を出してくる可能性は否定できません。ここに日本の消費税のあり方にも意義を唱えてくることが考えられるのです。

インボイス制度が日本のコンテンツ産業を破壊する

ただトランプ大統領の厳しい提案を機に、日本の消費税を見直す気運が生まれるなら、これは日本人にとって必ずしも悪い話ではありません。いまの日本の消費税は、ほかにもさまざまな問題を抱えています。

そもそも消費税について、日本人の多くは消費者が負担するものと思っていますが、これは誤解です。たとえば大根を110円で買えば、そのうち10円は消費税分です。とはいえ消費者には本来、消費税を納める義務はありません。

消費税を納める義務があるのは、事業者や商店です。消費税法に「消費税は事業者が納める税金」と記述されているからです。

110円の大根の10円分は、いわば商店が納めるべき消費税を消費者が肩代わりしているだけです。100円の大根を売って、消費税を10円納めるのが嫌だから、10円分を上乗せして消費者に払わせているのです。

もっとも100円の大根を売って10円の消費税を納めるのは商売として厳しいから、10円を消費者に負担してもらおうという気持ちも、わからなくはありません。それ以上に問題は、消費税にかこつけて不当に商品価格の値上げまでするケースもあることです。このようなことが起こるのも、消費税について不透明な部分が多いからです。

消費税については、2023年10月から導入されたインボイス制度の問題もあります。それまで売上高が年間1000万円以下の小規模事業主に対しては、消費税が免除されていました。

インボイス制度はその免除を基本的に撤廃し、小規模事業主にも10パーセントの消費税の課税義務を課すというものです。

これは日本の産業政策として考えた場合、大いに疑問です。なかでも日本のクリエイターを潰すことになりかねません。

日本の漫画業界やアニメ業界などで働くクリエイターやクリエイターの卵には、年収300万円以下といった低収入で働く人が少なくありません。それでもいずれ成功する日を夢見て頑張っているのに、そこから10パーセントを消費税として納めるとなれば、まさに死活問題です。

いまでさえギリギリの生活をしている人たちから、10パーセントもの税金を取り立てたのでは、もはや生活が成り立たなくなります。夢を諦め、ほかの仕事に就く人も増えるでしょう。これは日本のコンテンツ産業の衰退を招くことになります。

漫画やアニメなどの日本のコンテンツ産業は、世界のどこに行っても高く評価されています。それをインボイス制度によって、自民党政権は破壊しようとしているのです。

そんな日本とは逆に、税の優遇政策でコンテンツ産業を育てようとしているのがサウジアラビアです。石油に代わる新たな産業としてコンテンツ産業に注目し、コンテンツ産業の世界的な発信基地になろうとしています。そのため「キディヤ」というアニメ、漫画、ゲームの特区もつくっています。

キディヤ特区では、クリエイターがどれだけ稼いでも税金は無税です。これを知れば世界中の有能なクリエイターたちがサウジアラビアに集まってくるでしょう。有能なクリエイターたちの中から、サウジアラビア版『キャプテン翼』や『セーラームーン』が生まれるなら、サウジアラビアは世界の文化の中心地にもなれます。サウジアラビアのコンテンツ産業が、若者の雇用を生み出すことにもなります。

日本もコンテンツ産業をさらに発展させたいと思うなら、クリエイターたちへの税の優遇を考えてもいいように思います。

税を減らし、政府系ファンドで補う発想

トランプ政権の方針は減税です。とくに所得税についてトランプ大統領は廃止しようとしています。いますぐ可能かは不明ですが、段階的に引き下げ、最終的にゼロにするかもしれません。

トランプ大統領の目的は、所得税をなくし、国民に活力を与えることにあります。では所得税をなくして減った税収をどうするかというと、外国企業の輸出品に対する高関税や政府系ファンドで補うことが考えられます。

いまアメリカに政府系ファンドはありませんが、トランプ大統領はアメリカでも政府系ファンドを始めると公言しています。

政府系ファンドとは、海外の優秀な企業や影響力のある組織に政府が投資するというものです。そして投資した企業から得た配当金は、国民に還元されます。投資の原資は、中東諸国ならもっぱら石油や天然ガスの収入、外貨準備高などです。

政府系ファンドを得意とするのは中東諸国のほか、シンガポールもあります。シンガポールのリー・クアンユー元首相によると、シンガポールの政府系ファンドでは配当金を得たら国民の年金に回し、年金収入だけで生涯に家が2軒立つそうです。

ドバイも政府系ファンドによって国民を潤しています。ドバイ人同士が結婚したら家がもらえます。そして医療費は無料で、彼らの子どもたちの教育費も大学まで無料です。働いて得た給料はすべて可処分所得で、給料明細書にはどこにも税金に相当するものがありません。

かつてパナソニックの始祖・松下幸之助氏は「無税国家論」を説きました。その松下氏の理想をドバイが実現した格好です。

中東諸国が政府系ファンドの発想に至ったのは、いずれ石油が枯渇することを考えると、いつまでも石油収入に依存していられないからです。石油収入以外で国家を支える財源を考える中、政府系ファンドを思いついたのです。

中東では政府系ファンドを20年ほど前から始め、UAEのドバイを先頭に大きな成果を得てきました。このドバイの成功を見倣い、トランプ大統領は政府系ファンドを立ち上げようとしているのです。

このドバイの政府系ファンドの話は、私の動画配信サイト「越境3・0」でもしています。じつはトランプ大統領が利用しているSNS「トゥルース・ソーシャル」を見ると、「越境3・0」のリンクが多く貼ってあります。

もしかしたらトランプ大統領は私の動画を見て、政府系ファンドの存在を知ったのかもしれないと思っています。それが本当なら、これほど光栄な話はありません。

トランプ大統領が所得税ゼロに注目し始めたように、国民の所得税をなくしたり、軽くすることは、世界の1つの潮流になりつつあります。中東の国々は無税か極めて低税率にとどめ、さらには政府収入を国民に還元しています。税金のない国ほど成長し、栄えているのです。

財務省のプライマリー・バランス思考の問題点

トランプ大統領が目指すのは、減税、産業活性化、言論の自由です。これらを行うことで成長している国や、これらを目指して大胆な改革をしている国に注目し、つきあっていくでしょう。

日本はどうかというと、増税やマスコミの意図的な言論規制により、国内産業を衰退させています。そんな日本がトランプ大統領の眼中に入るはずありません。日本がトランプ大統領と対等につきあうには、まずは税負担が高い制度をやめることです。消費税の廃止も、その1つです。

ただしこれはディープステートというより、財務省との戦いでしょう。日本の財務省は、まさに経済評論家の故森永卓郎氏が「ザイム真理教」と称するカルト集団になっています。

財務省が信奉するのは「プライマリー・バランスのプラス」です。プライマリー・バランスという専門用語を使うので、高尚な考えのように思われがちですが、これを一言でいえば「税金だけでやりくりする」です。要は国家に税金以外の収入はないから「足らない分は我慢しろ」というわけです。

これは国家予算の運営としては怠慢な話で、実際は税金以外の収入をいくらでも見つけられます。

国家が直接ビジネスをやって儲ける手もあれば、国債発行も一つの手段です。トランプ大統領が始めようとしている政府系ファンドもあります。方法はいくらでもあるのに、財務省は頑なに、税収のみでやりくりしようとするから、日本は貧しくなるのです。

プライマリー・バランスの考えは、会社を経営する者から見れば、お小遣い帳か大福帳レベルの話です。

子どもが年始にお年玉を1万円もらって、このうち3000円でプラモデルを買い、1000円でお菓子を買い、6000円残った。6000円が手許に残ったから収支がプラスで、うまくやりくりできた。これが財務省の考え方です。

そこに「投資」という視点はありません。ふつう会社が調達した資金は、諸経費の支払いに回すだけでなく、未来の成長のために投資もします。投資は結果がすぐに出るものだけに限りません。20年先、30年先に初めて結果が出てくるものだってあります。

たとえば、いま日本は少子高齢化で行き詰まっているので、打開するための投資が必要です。子どもの数が少ないなら「子ども一人一人を優秀な人材に育てる」という考え方もあります。そのために、教育にもっと投資するといった具合です。

教育への投資は、すぐに結果が出るものではありません。10年後、20年後、子どもたちが大人になり、社会の中心となって働きはじめたとき、初めて結果が出てきます。その投資が成功していれば、日本経済は成長します。

投資は日本の未来に直結する重要な要素ですが、そこに思考が向かわないのが、財務省なのです。

財政法第4条が日本の発展を妨げている

ただ財務省にも気の毒な面があります。財務省の官僚は役人なので、法律に外れた仕事はできません。その意味で問題は、財務省というより法律で、その1つが財政法第4条です。

財政法第4条では、建設やインフラに関するもの以外での国債の発行を禁じています。

ダムや道路の建設のための国債発行は認めても、教育や軍事など、それ以外に対する国債発行は認めていないのです。

たとえば教育に5兆円投資したくても、5兆円を調達するための国債発行はできません。この財政法第4条が、日本の成長・発展を阻害しているのです。

財政法第4条は、敗戦後の日本を統治していたGHQ（連合国最高司令官総司令部）のアドバイスで設けたものです。要はアメリカが日本に軍事国債を発行させないために、日本に要求したのです。日本に二度と戦争を起こさせないためのもので、それを日本はいまもバカ正直に守りつづけているのです。

この一点でも、日本が真の独立国家でないことがわかります。国家がどんな目的で国債を発行するかは、その国の勝手です。他国に指示されるいわれはなく、財政法第4条がある限り日本はまともな独立国家ではないのです。

逆に財政法第4条を廃止すれば、日本はようやく独立に向かいだし、発展する環境も整います。

財政法第4条を廃止すれば、2024年12月に国民民主党と自民党、公明党で協議された「103万円の壁」問題も簡単に解決できました。

国民民主党が唱えたのは、日本で所得税が発生する最低ラインを103万円から178万円に引き上げようというものです。これに対して財務省は「税収が7兆円減る」として抵抗しました。

ここで財政法第4条を潰してしまい、7兆円の国債を発行すれば問題ありません。そもそもウクライナ支援に何兆円も出しながら、日本国民のための7兆円を問題にするのはおかしな話なのです。

投資で日本はもっと大きく成長できる

これまで日本の政治家や財務省に欠けていたのが、投資の発想です。国債を自由な目的で発行し、それで得た資金を使っていくなら、日本はまだまだ成長できます。

一例を挙げるなら、日本周辺のエネルギー資源の開発です。日本にはエネルギー資源がないといわれますが、日本周辺を見ればエネルギー資源が豊富にあります。

尖閣諸島に近い第7鉱区の海底には、サウジアラビアの油田を超えるともいわれる大油田があります。茨城県沖や沖縄の宮古島近海には、天然ガス田があります。日本近海には、メタンハイドレートも存在します。

ただこれらのエネルギー資源は、いつまで経っても試掘段階にとどまっています。採掘コストがかかりすぎて採算が合わず、商業生産は無理だとされていますが、これは採掘にさしたる投資をしていないからです。政府がもっと大胆に投資し、5兆円でも6兆円でも採掘に注ぎ込むなら、商業生産も可能になります。

これにより日本は純国産エネルギーを手にできるのです。純国産エネルギーを持てれば、中東に有事があっても振り回される心配がなくなります。原油価格の動向に一喜一憂することもなくなります。国産エネルギーで発電している限り、原子力発電の是非についての論議もせずにすみます。

日本が純国産エネルギー開発を全力で進めるとなれば、トランプ大統領との取引材料にもできます。アメリカ側の投資を呼び込み、代わりに安価な国産エネルギーを提供するといった話にも持ち込めます。

これまで日本で純国産エネルギーの開発が進まなかったのは、国債の問題に加え、ディープステートによる圧力もあったと思います。

日本がエネルギー自給国になれば、日本の外交カードは格段に増えます。それを避けたいディープステートは、日本が純国産エネルギーを持てないようにしていたのです。

逆にいえば日本がディープステートの圧力をふりほどくなら、純国産エネルギー開発を大胆に進められます。これもまた第2次トランプ政権を機に、日本が大きく飛躍できるチャンスといえます。

日本の地熱エネルギーの可能性

もう1つ日本がすべき投資先が、地熱エネルギーです。日本の地熱エネルギー量は世界第3位です。地熱エネルギーは自然エネルギーの1つですが、地熱発電は太陽光発電や風力発電と違い、天候に左右されません。しかも日本には、地熱発電の優れた技術を持つ企業があります。

アイスランドには世界最先端といわれる地熱発電所があり、世界各国から視察にやって来ます。そのアイスランドの地熱発電を支えているのは、日本の東芝や三菱重工の地熱タービンです。日本の地熱タービン技術は世界最先端にあり、アイスランドの地熱発電はこれを利用しているのです。

すでに高度な技術があり、あとは国が本気で投資するだけです。日本の地熱エネルギーの多くは自然公園内にあり、景観保持などを定めた自然公園法や温泉法によって地熱発電所の建設は難しいとされてきました。

とはいえ景観を損ねないことと、地熱発電所の建設は両立できます。よい例がアイスランドで、地熱発電所はガラス張りのモダンな建物で、美術館にしか見えません。建物を見るために訪れる観光客もたくさんいます。

入場は有料で2000円ぐらいしますが、客が多い夏場には1日3000～4000人の来場者があります。館内にはビールが飲めるカウンターバーもあれば、お土産屋もあります。これらは発電所の収入源の1つになっています。

日本では温泉の枯渇を心配する声もありますが、アイスランドの地熱発電所によると温泉が枯渇しない地熱発電のやり方があるそうです。

またアイスランドの地熱発電所ではタービンを回して発電すると当時に、地熱を利用した熱水供給も行っています。パイプラインで各家庭に熱水を送り、冬は温水ヒーターのようにも使えます。ガスや電気を使わず熱水を利用できるので、エネルギー代の節約にもなります。

熱水のパイプラインは道路にも通しているので、雪が降っても雪はすぐに溶けます。厳冬期に道路が凍結することもありません。

地熱エネルギーは発電だけでは採算的に厳しいものがありますが、北海道や東北のような寒くて雪深い地域なら利用価値は高まります。道路の下に地熱による熱水パイプラインを通せば、大雪が降っても除雪車を動かす必要がなくなります。多額の初期投資が必要ですが、そのリターンは極めて大きなものになります。

大事業は半官半民で

とにかく、いまの日本に求められるのは、日本や日本周辺に眠るエネルギー資源を開発するための思いきった投資です。石油、ガス、メタンハイドレート、地熱の4分野に国債を発行し、開発のための国有企業を立ち上げる必要があります。

ここで重要なのは、国有企業であっても、国営企業にはしないことです。国営企業は効率が悪く、まずうまくいきません。国はオーナーに徹し、実際に経営を行うのは民間という半官半民方式がベストです。

株の半分は国、半分は民間が持ち、国はエネルギー利用で得た利益から配当金を受け取り、これを国家の財源にするのです。

シンガポールの政府系ファンドのテマセク（旧テマセク・ホールディングス）も国営ではなく、半官半民です。シンガポールポストやＤＢＳ銀行、シンガポール航空などの基幹産業の株をすべて持っていますが、国の出資は30パーセントで、具体的な企業経営は民間に任せています。

かつて立憲民主党の原口一博氏が総務大臣を務めていた頃、日本でも政府系ファンドを導入しようとしたことがあり、このときモデルとしたのも、テマセクだったようです。

日本は対ロシア外交の転換を

第2次トランプ政権時代にあって、日本は外交政策も転換する必要があります。なかでも大きく転換しなければならないがロシア外交です。

２０２２年のウクライナ戦争以降、日本はワシントンにいわれるままロシアを敵視し、経済制裁を科してきました。加えて中国や北朝鮮も敵視してきました。気がつけば日本の周囲は敵だらけです。

日本が有事になれば、自民党政権はアメリカが助けてくれると思っているかもしれませんが、すでに述べたようにトランプ政権にその期待はできません。

有事にアメリカがアテにならないとすれば、日本にとって最大の安全保障は周辺国との友好関係にあるのです。「中国やロシアが攻めてきたらどうする」という意見もありますが、ロシアについていえば、ロシアが攻めてくるような行動をしたのは岸田政権です。

とくにロシアへの経済制裁は、すでに日本の経済安全保障を脅かしています。バイデン大統領に従ってロシアからの石油輸入を禁止した結果、日本の中東湾岸諸国への石油依存率は97パーセントにも達します。これでは日本とロシアとで、どちらが経済制裁を受けているかわかりません。

そこに2023年からのイスラエル・ハマス戦争が加わりました。今後、中東での混乱が広がり、もしホルムズ海峡が封鎖されでもしたら、もう日本に石油は入ってきません。ロシアに石油の輸出を頼んでも「いまさら何を言うか」と相手にもされないでしょう。

中東以外の有力産油国にはアゼルバイジャンやカザフスタンがありますが、これらは輸送ルートがないので輸出したくてもできません。

最後の頼みの綱はアメリカですが、この場合、5~6倍の値段を言われてもおかしくありません。これはドイツの見た悪夢の再現です。ウクライナ戦争以後、ドイツはロシアの安価な天然ガスを買えなくなりました。仕方なくアメリカから天然ガスを買っていますが、値段はロシアの天然ガスの4倍です。

そこにはロシアからの天然ガスがパイプライン経由だったのに対し、アメリカからは液化して運ばなければならないという事情もありますが、まさにアメリカの思う壺といったところです。日本もまた同じ轍を踏みかねません。

そう考えたとき日本はアメリカのいいなりになるのをやめ、石油輸出国でもあるロシアとパートナーシップ関係を結ぶことが大事です。ロシアとの関係を強化することは、中国への牽制にもなります。

日本にとって最大の軍事的脅威は中国です。中国とまともに戦えば日本は崩壊します。ロシアとの親密な関係を築くことで、中国への抑止にもなるのです。

エピローグ

拡大BRICSを
トランプ大統領が支配する日

西側諸国から離れ、BRICSに近づくトランプ大統領

BRICSは、いま世界で最も勢いのある連合です。豊かさでは西側諸国を凌ごうとしています。そのBRICSにアメリカのトランプ大統領は大きく注目しています。

ここまで見てきたように、トランプ大統領は西側諸国に辟易しています。NATOもG7もアメリカに頼るばかりで、経済成長する力を失っています。SDGsや移民対策の矛盾も見えてきました。

一方BRICSは、対極的な存在です。それぞれが自立し、経済成長を遂げようとしています。だからトランプ大統領は興味を示しているのです。

では拡大を続けるBRICSに、いずれアメリカも加盟するかというと、それはないでしょう。トランプ大統領の本質は一匹狼です。一つの組織に属することを好みません。NATOやG7を離脱することはあっても、その後は自由であろうとするはずです。

ただしBRICSに可能性を感じているトランプ大統領は、BRICSをコントロール、さらにいえば支配したがるでしょう。巧妙にBRICSを支配し、BRICS内で強

い存在感を示そうとするはずです。

世界は窮乏に向かう西側諸国ではなく、ＢＲＩＣＳ率いるグローバルサウスの時代になりつつあります。トランプ大統領はそうした時代のリーダーとして、アメリカを栄えさせようと考えているのです。

トランプ大統領は「アメリカ第一主義者」ですが、他国の指導者が自国第一主義者であることも容認します。ＢＲＩＣＳ諸国の指導者がみな自国第一主義者であるのも、トランプ大統領の好むところです。

さらにいえばトランプ大統領は、経済を疲弊させる戦争を嫌います。これもまた戦争を好む西側諸国と相容れないところで、アメリカがＢＲＩＣＳを率いることで、戦争のない平和な世界を築こうと考えているはずです。

ＢＲＩＣＳ共通決済システムをトランプ大統領はどう捉えるか

ＢＲＩＣＳ（ＢＲＩＣｓ）という言葉が生まれたのは、２００１年です。もとは成長著しい新興国を指してアメリカの投資銀行ゴールドマンサックスがつくった言葉ですが、ここへ来て結束を強め、求心力を高めた背景には、バイデン時代のアメリカへの反発があります。

先に述べたとおり、ウクライナ戦争でバイデン大統領が「ドルの武器化」を行ったためドル依存の怖さを知り、アメリカ離れを始めたのです。そこからドルを使わなくても決済できる世界に向けて、ＢＲＩＣＳ共通決済システム、さらにはＢＲＩＣＳ共通通貨の構築を目指しています。

これは世界の基軸通貨ドルの存在を低下させることでもありますが、トランプ大統領は受け入れるはずです。トランプ大統領は強いドルにこだわっていないからです。

近年のトランプ大統領の発言を踏まえると、ドルは「弱いぐらいでいい」とさえ思っています。ドルが弱ければアメリカの輸出が伸び、アメリカの産業が儲かるからです。

トランプ大統領は、最初は存在感を見せつけるため、「ＢＲＩＣＳ共通決済システムを使う国には制裁を科す」と脅すかもしれません。ただそれは彼一流のはったりに過ぎません。早晩、さまざまな決済方法を認めていくはずです。

なにしろ暗号資産のビットコインに対してさえ前向きで、「アメリカをビットコイン大国にする」と言ってのけるほどです。要はどんな決済方法であれ、アメリカにお金が入ればいいのです。

これまでのアメリカは、アメリカ国債を買わせるために世界に圧力をかけてきました。世界中の国々が買ってくれるから、アメリカはいくらでも国債を発行できました。でもトランプ大統領には、国債を大量に発行しようというモチベーションはないはずです。共和党は、そもそも小さな政府主義だからです。

第2次トランプ政権では政府効率化省を創設し、テスラの創業者イーロン・マスク氏と製薬スタートアップ企業・ロイバントサイエンシズの創業者ビベック・ラマスワミ氏をトップに任命しました。

彼らは官僚機構を縮小・効率化し、連邦職員の大量解雇も視野に入れ、年間5000億ドル（約78兆円）の歳出削減を公言しています。

オバマ氏やバイデン氏の民主党は大きな政府主義で、大きな政府を維持するために多額の予算が必要でした。そのため多くの国債を発行しつづけ、これがアメリカのインフレも招いています。第2次トランプ政権では、これと真逆の動きに向かうはずです。

トランプ大統領の最大の目的は石油を押さえること

トランプ大統領がＢＲＩＣＳを支配し、率いようとする大きな理由には、石油を押さえたいから、というものもあります。

かつて世界で石油を握っていたのは「セブン・シスターズ」と呼ばれる国際石油資本でした。セブン・シスターズはすべて西側諸国にありましたが、いまや完全に様相が異なり、「新セブン・シスターズ」と呼ばれるＢＲＩＣＳを中核とするグローバルサウスの国々が石油を握っています。

新セブン・シスターズは、サウジアラビアのサウジアラムコ、マレーシアのペトロナス、ブラジルのペトロブラス、ロシアのガスプロム、中国のペトロチャイナ、イランのイラン国営石油、ベネズエラのベネズエラ国営石油会社です。このうち4社が、ＢＲＩＣＳ加盟国です。

かつてのセブン・シスターズは、ほとんどが民間会社でした。これに対し新セブン・シスターズは国営会社が中心です。セブン・シスターズ全盛の時代、産油国は西側諸国に搾取されているような状態でした。そこから産油国は逆襲に転じ、新セブン・シスターズの時代になったのです。

自国経済の発展を重視するトランプ大統領は、産業育成のために安価なエネルギー資源を求めています。そのための戦略がＢＲＩＣＳの支配であり、さらにその先にあるのがグローバルサウスの国々を率いることです。

グローバルサウスにもベネズエラをはじめ、豊富な埋蔵量を持つ産油国が多数あります。これらにもいずれ手を伸ばしていくでしょう。

反グローバリストのＢＲＩＣＳとグローバリストの西側との戦いが始まる

これからの時代、鮮明になるのがＢＲＩＣＳを核とするグローバルサウスと西側諸国の戦いです。これは反グローバリストとグローバリストの対決でもあります。

ここでグローバル化と、グローバリズムあるいはグローバリストの違いを確認しておきます。グローバル化は、たんに国境を越えて人やお金が移動していくことです。グローバル化は、世の中を便利にします。

一方グローバリズムは、市場主義経済や自由貿易を世界に広げていこうというものです。世界を一体化させる思想が込められています。

世界には、さまざまな考えや習俗、文化があります。これを打ち消し、薄め、画一化しようとするのがグローバリズムです。グローバリストは、グローバリズムの尖兵のようなものです。

グローバリストにとって、国家間に障壁は不要です。だから西側諸国はEUやNATO、G7、WHOといった国際組織をつくり、1つの思想で世界をまとめようとしてきました。西側諸国はグローバリストの考えに沿って国家色を薄め、最後は国家の消滅にさえ向かっています。その裏にいるのが、ディープステートです。

一方、反グローバリストは国家を前提にしています。それぞれの国が「自国第一主義」であろうとする一方、他国の「自国第一主義」を容認します。

そこにぶつかりあいもありますが、反グローバリストの国は基本的に戦争を嫌います。「世界統一」といった野望はないので、どこかで妥協が成立し、ウィン・ウィンの関係も探れます。

これまでアメリカはグローバリストが勢いを持っていましたが、第2次トランプ政権では変わるはずです。トランプ大統領はそもそもEUやG7、WHOのような組織をいかがわしく思っています。

しかも経済が低迷し、人口も減少傾向にある西側諸国には市場としての魅力もありません。一方BRICSは経済成長の最中にあり、人口も伸びているので市場としても魅力的です。

このような西側諸国では今後、グローバリストが力を弱め、反グローバリストが勢いを増すことが考えられます。これはすでに、イタリアやフランス、ドイツでも右派勢力の台頭という形で起きています。

そうした中、日本はどうするか。これまで日本はグローバリストの一員としてアメリカの言うがままでした。それで何となく生き延びてこられましたが、グローバリスト勢力が弱まるほど日本は立ち枯れていきます。

そこで日本もまた、BRICSに目を配り、BRICSのパワーをうまく取り入れるしかありません。日本はこれまでBRICSにさほど関心を持っていませんでしたが、それは世界に無関心だったからでもあります。いったんBRICSに目をやるなら、その経済力や活力に驚くはずです。

そのＢＲＩＣＳとうまくやるには、どうすればよいか。

ＢＲＩＣＳ諸国と同じように、日本も「自分の足で立つ」しかありません。日本人一人ひとりが国を愛し、経済成長に向かっていく。それができるなら、日本は自然にグローバリスト、さらにはディープステートの影響力からも離れ、自主独立を目指せる国になるでしょう。

[著者プロフィール]
石田和靖（いしだ・かずやす）
1971年、東京生まれ。東京経済大学中退後、会計事務所に勤務し、中東～東南アジアエリアの外国人経営者の法人を多く担当。駐日外国人経営者への財務コンサルティングを多く行う。著書に『オイルマネーの力』（アスキー新書）、『第三世界の主役「中東」』（ブックダム）、『エゼキエル戦争前夜』（かや書房）、『グローバルサウスvs米欧の地政学』（共著・ビジネス社）など。最新の世界情勢を毎日更新しているYouTubeチャンネル「越境3.0チャンネル」は、再生回数6400万回、チャンネル登録者数25.1万人の人気チャンネル。

編集協力：今井順子

プーチンとトランプ　世界支配の衝撃！

2025年3月15日　　第1刷発行

著　者　石田和靖
発行者　唐津隆
発行所　株式会社ビジネス社
〒162-0805 東京都新宿区矢来町114番地
神楽坂高橋ビル5階
電話 03(5227)1602　FAX 03(5227)1603
https://www.business-sha.co.jp

カバー印刷・本文印刷・製本/半七写真印刷工業株式会社
〈装幀〉中村聡
〈装画〉小泉清美
〈本文デザイン・DTP〉有限会社メディアネット
〈営業担当〉山口健志　〈編集〉中澤直樹

ISBN978-4-8284-2709-6